U0733700

标准数独完全教程
从入门到精通

邢声远◎主编

中国纺织出版社有限公司

内 容 提 要

数独是一种极具魅力、好玩的数字智力游戏。它不仅可以供人们休闲娱乐，还对开发智力、增强逻辑思维和提高记忆力具有重要作用，对培养学生的数学兴趣和提升数学思维很有帮助。

本书主要是针对刚入门的数独爱好者编写的，全书分为11个章节，包括九字常规数独、对角线数独、“王”字数独、中心对称互补数独、异形数独、连体数独、大小和奇偶数独等。书中提供了多种形式的数独，题型丰富多样，难度适宜，可作为数独爱好者的入门读物和培训教材。

图书在版编目（CIP）数据

标准数独完全教程：从入门到精通／邢声远主编
.--北京：中国纺织出版社有限公司，2022.5
ISBN 978-7-5180-9280-2

Ⅰ．①标… Ⅱ．①邢… Ⅲ．①智力游戏—教材 Ⅳ．①G898.2

中国版本图书馆CIP数据核字（2022）第000143号

责任编辑：江　飞　　责任校对：高　涵　　责任印制：储志伟

中国纺织出版社有限公司出版发行
地址：北京市朝阳区百子湾东里A407号楼　邮政编码：100124
销售电话：010—67004422　传真：010—87155801
http://www.c-textilep.com
中国纺织出版社天猫旗舰店
官方微博 http://weibo.com/2119887771
唐山玺诚印务有限公司印刷　各地新华书店经销
2022年5月第1版第1次印刷
开本：787×1092　1/16　印张：13
字数：260千字　定价：49.80元

凡购本书，如有缺页、倒页、脱页，由本社图书营销中心调换

早在四千多年前，中国就已经出现了数独的雏形，其基本结构就是九宫格，即带有 9 个小方格的九宫图。据说，在大禹治水的时候，洛河里出现了一只乌龟，乌龟身上有一幅画——九宫图，人们便将这幅图称为“洛书”。

现代数独是由美国人哈瓦德·冈恩创作的，后来经过日本人金元信彦及新西兰人韦恩·古德的大力推介，迅速风靡全球，成为男女老少都喜欢玩的益智游戏。

数独是一种填数字游戏，是以事先提供的数字为线索，运用逻辑推理的方法，把适合的数字填入空白的方格中。数独作为一种健康的智力游戏，是对人的智慧和毅力的考验。玩者可能看到面前是山穷水尽、寸步难行，但若下决心坚持下去，则会呈现柳暗花明又一“格”的阳光大道，这一格中的数字解决了，就很容易取得全局的胜利，此时的心情是何等的愉悦！

玩数独好处多多：数独游戏奥妙无穷，它不仅可供人们休闲娱乐，而且对开发智力、增强逻辑思维能力和提高记忆力具有重要作用。特别是对青少年来说，玩数独游戏对激发求知欲望、开发智力、提高学习成绩及丰富课余生活都是非常有益的。成年人玩数独游戏，可以强化智力，训练判断力、推理能力和反应能力，增强克服挫折的信心与毅力。对老人而言，玩数独游戏的最大功效是通过训练脑力增强脑细胞活力，有助于预防老年痴呆。

本书共收集了 11 种类型的数独游戏，不仅介绍了每种类型数独的特点和性质，还详细地介绍了解题的方法和技巧，使读者容易理解和迅速掌握解题的技巧。在介绍每一种类型的数独解题方法后，还提供了一定数量谜题供读者练习，书后并附有练习题答案。

本书由邢声远主编，马雅芳、邢宇东、邢宇新、耿小刚、耿铭源、殷娜、蒋志宇、蒋娇丽参与部分内容的编写。在本书编写过程中，得到中国纺织出版社有限公司责任编辑的鼎力支持与帮助，在此表示衷心地感谢！

由于编写本书工作量较大，时间较匆促，加上编者经验不足和水平有限，可能会存在某些不足，恳请广大数独爱好者批评指正，不胜感激！

邢声远

2021年10月

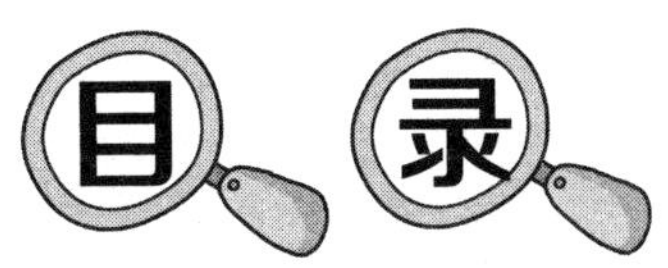

目录

第一章

九字（9×9）常规数独

常规数独又称标准数独，它是由九字格即 9 × 9 共 81 个小方格组成九宫阵图。其中包括 9 个九宫（如图 1–1 所示）。为了方便说明具体的解题方法，下面对各宫及格加以定名。

第	一	宫	第	二	宫	第	三	宫
第	四	宫	第	五	宫	第	六	宫
第	七	宫	第	八	宫	第	九	宫

图 1–1

由图 1–1 可见，按照从上到下，从左到右，依次划分为九宫，即上左宫为第一宫……下右宫为第九宫。

接下来看图 1–2，每格从左到右为行，从上到下为列。行序从上到下，分别为第一行至第九行；列序从左至右分别为第一列至第九列。每个小方格可用所在的行与列的序数来命名，如最左上角的一小方格为（1，1）格……最右下角的一小方格为（9，9）格，括号内前一个数表示格子所在行，后一个数字表示格子所在的列，以此类推。

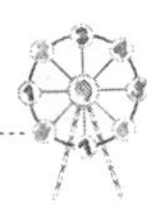

	第一列	第二列	第三列	第四列	第五列	第六列	第七列	第八列	第九列
第一行	(1, 1)	(1, 2)	(1, 3)	(1, 4)	(1, 5)	(1, 6)	(1, 7)	(1, 8)	(1, 9)
第二行	(2, 1)	(2, 2)	(2, 3)	(2, 4)	(2, 5)	(2, 6)	(2, 7)	(2, 8)	(2, 9)
第三行	(3, 1)	(3, 2)	(3, 3)	(3, 4)	(3, 5)	(3, 6)	(3, 7)	(3, 8)	(3, 9)
第四行	(4, 1)	(4, 2)	(4, 3)	(4, 4)	(4, 5)	(4, 6)	(4, 7)	(4, 8)	(4, 9)
第五行	(5, 1)	(5, 2)	(5, 3)	(5, 4)	(5, 5)	(5, 6)	(5, 7)	(5, 8)	(5, 9)
第六行	(6, 1)	(6, 2)	(6, 3)	(6, 4)	(6, 5)	(6, 6)	(6, 7)	(6, 8)	(6, 9)
第七行	(7, 1)	(7, 2)	(7, 3)	(7, 4)	(7, 5)	(7, 6)	(7, 7)	(7, 8)	(7, 9)
第八行	(8, 1)	(8, 2)	(8, 3)	(8, 4)	(8, 5)	(8, 6)	(8, 7)	(8, 8)	(8, 9)
第九行	(9, 1)	(9, 2)	(9, 3)	(9, 4)	(9, 5)	(9, 6)	(9, 7)	(9, 8)	(9, 9)

图 1–2

一、九字（9×9）常规数独规则

（1）每行 9 个小方格中的数字，1 ~ 9 不重复（图 1–3）。

（2）每列 9 个小方格中的数字，1 ~ 9 不重复（图 1–3）。

（3）9 个 3×3 的九宫格中的数字，1 ~ 9 不重复（图 1–3）。

7	1	9	8	3	6	2	5	4
5	8	2	7	9	4	6	3	1
6	3	4	2	5	1	9	8	7
1	6	3	9	4	5	7	2	8
2	4	5	1	8	7	3	9	6
9	7	8	6	2	3	4	1	5
4	5	7	3	1	9	8	6	2
8	9	6	5	7	2	1	4	3
3	2	1	4	6	8	5	7	9

图 1–3

二、解题方法

根据数独游戏的规则，在每行、每列和每个九宫格中的数字，1 ~ 9 只能在该行、该列和该九宫格中出现一次，也就是说，任何一个小方格中的数字都不可能再出现在与其相关的 20 个小方格中。如图 1–4 所示，小方格（5，5）中的数字“9”，不可能再出现在与其相关的 20 个小方格中（图中浅灰色小方格）。

4	1	3	8	2	5	7	6	9
7	5	2	1	6	9	3	4	8
9	8	6	4	7	3	2	5	1
2	7	1	5	8	4	9	3	6
6	3	4	7	9	1	5	8	2
8	9	5	2	3	6	4	1	7
1	4	8	9	5	7	6	2	3
3	2	7	6	4	8	1	9	5
5	6	9	3	1	2	8	7	4

图 1–4

解数独谜题的最有效和最快捷的方法是逻辑推理和排除法，除此之外，没有其他更好的方法，仅靠猜测是无济于事的，往往会进入死胡同。排除法可分为“数找格”和“格找数”两种，每种又有显性（明显，易找）和隐性（不易找）之分。现介绍如下：

（一）数找格

1. 显性“数找格”

这是最常用的方法之一。如图 1–5 所示，为了叙述方便起见，将九宫格分为一至九宫共 9 个九宫格。根据数独的性质，由第一、第二宫中的 2，可知在第三宫中的 2 位于中间一行；同时由第六宫和第九宫中的 2，可知 2 位于第三宫的中央格，即第三宫中的（2，8）小方格就是 2 所在的位置，这是“显性数找格”。

显性

2								
							2	
			2					
	3							
	5					2		
	7							
1								2
		9						
	2		4	6	8			

隐性

图 1-5

2. 隐性“数找格”

如何在图 1-5 中找出第七宫中数字 2 的位置？在第七宫中有数字 1 和 9，在第二列中有数字 3、5、7，在第九行中有数字 4、6、8。数字 2 的位置必须要保证它所在的行、列及九宫格中没有出现过“2”，由于第四宫的中间一列及第八宫下边一行中数字已满，而且没有“2”，所以“2”只能位于（9，2）小方格中，这是“隐性数找格”。

（二）格找数——9 缺 1

1. 显性“格找数”

如图 1-6 所示，如何找出（2，8）小方格中应填什么数字？

							6	
	4			2		8	5	
								9
1		7						
3		9					7	
5		4					3	
			2	4	6			
	9						1	
			8	9	1			

图 1-6

由图 1–6 可见，在第二行中已有数字 4、2、8，在第八列中已有数字 6、7、3、1，在第三宫中已有数字 6、8、9，将这三组数字放在一起进行排列，发现在 1 ~ 9 的 9 个数字中缺“5”，所以在第三宫的（2，8）小方格中的数字应是“5”。

2. 隐性“格找数”

在图 1–6 中，试找出第七宫的（8，2）小方格中应填什么数字？

先看第八行，在第八宫，该行上、下两行的数字是 2、4、6、8、9、1，那么在第八行上的数字除了已有的 1 以外，还应有 3、5、7（第八宫中的第二行的 3 个数字）。同理，在第二列中，除已有 4 以外，在第四宫中间一列缺 2、6、8 这 3 个数字。这样，在第七宫的（8，2）小方格中应填数字“9”。

为了帮助读者熟悉常规数独的玩法，以下试举几例加以简单的说明。

例 1　在图 1–7 中，（5，5）小方格中应填“4”（每行 1 ~ 9 不重复），（2，6）小方格中应填“5”（每列 1 ~ 9 不重复）；在图 1–8 中，第二宫的（2，5）小方格中应填数字为“8”（九宫格中 1 ~ 9 不重复）。

					8			
					5			
					6			
					2			
6	8	1	5	4	3	2	9	7
					7			
					9			
					4			
					1			

图 1–7

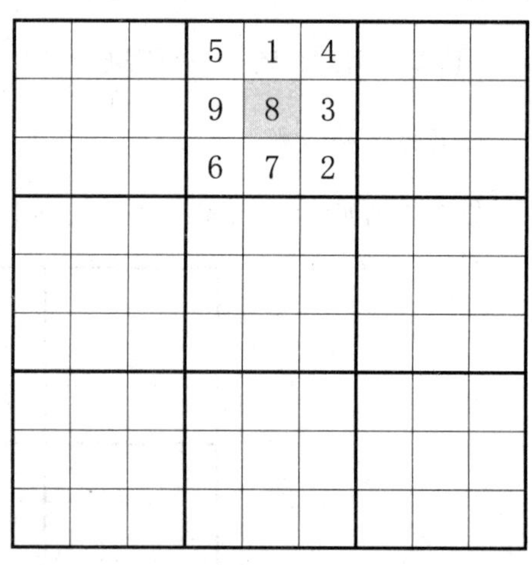

图 1–8

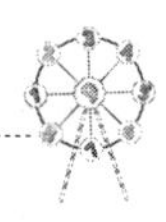

例 2　如图 1-9 所示，（2，5）小方格中应填什么数字？

	5	6				4	1	3
	8		6	4	1			
	9	4				8	6	
			2	8				4
		8						
							8	2
8						7	9	
		1				6		8
								5

图 1-9

在第三宫中，第一行有 4，在第一宫中，第三行有 4，那么第二宫中的 4 只能出现在第二行，由于该行已有 6 和 1 占据两个小方格，所以（2，5）小方格中应填的数字为 4。

例 3　如图 1-9 所示，如何确定（5，3）小方格中的数字？

先看第四行与第六行中都有 2、8，所以（5，3）小方格中有可能是 2 或 8，而第一、二列中都有 8，所以，在所求的小方格中的数字肯定是 8，而不应该是 2。

例 4　如图 1-9 所示，如何确定（8，9）小方格中的数字？

首先，将第八行中的数字 1、6，第九列中的数字 3、4、2、5 与第九宫中的数字 5、6、7、9 排列在一起，发现其中缺少“8”，故（8，9）小方格中只能填 8。

（三）允许数标注法

这是一种比较简单而又稳妥的方法，它特别适用于初学者。虽然比较稳妥，但是比较繁杂。该法是先把空格中允许填入的那些数都一一标在空格里，然后根据数独的规则，一个一个地对不允许的数复筛除掉，并进行简化，当简化到只剩下一个允许的数时，答案便出来了。这种方法虽然比较烦琐，速度又慢，但是这种按部就班的解题方法比较稳妥，不容易出错。

第一步，如图 1-10 所示，图中共填有 36 个数，尚缺 45 个数。解题时，第一步要在每个空格中填上允许数。先按每行的顺序来填，第一行中已填有 5、8、6、7、1 这 5 个数，根据数独的规则，每行各小格中的数不能重复，因此第一行各空格中只能填 2、3、4、9 中的 1 个，在无法确定哪个是答案之前，先将这 4 个允许数都填上。第二行已填有 3、5、7 这 3 个数，那么该行 6 个空格都填入 2、4、6、8、9、1。其余各行以此类推，这样可得到图 1-11 这个允许数表。

5	8				6	7		1
		3		5	7			
	2		3			4	9	
		6		3	9			8
	3	5				9	6	
9			6	2		1		
	7	1			2		5	
			8	1		6		
3		2	5				1	9

图 1-10

5	8	2349	2349	2349	6	7	2349	1
246 891	246 891	3	246 891	5	7	246 891	246 891	246 891
567 81	2	567 81	3	567 81	567 81	4	9	567 81
245 71	245 71	6	245 71	3	9	245 71	245 71	8
247 81	3	5	247 81	247 81	247 81	9	6	247 81
9	345 78	345 78	6	2	345 78	1	345 78	345 78
346 89	7	1	346 89	346 89	2	346 89	5	346 89
234 579	234 579	234 579	8	1	234 579	6	234 579	234 579
3	4678	2	5	4678	4678	4678	1	9

图 1-11

第二步，对图 1-11 进行简化。根据数独的规则，每列中的数 1 ～ 9 不能重复，因为第一列中已填入 5、9、3，就不能再出现这 3 个数。第二列中已填入 8、2、3、7，同样可以将这一列 9 格中的允许数筛除这 4 个数。其他列以此类推，可得到图 1-12 这个化简了一次的表。

5	8	49	492	49	6	7	342	1
246 81	4691	3	4921	5	7	82	482	462
6781	2	78	3	678	581	4	9	567
2471	451	6	4712	3	9	52	472	8
247 81	3	5	4712	478	481	9	6	472
9	45	478	6	2	3458	1	3478	3457
468	7	1	49	4689	2	38	5	346
247	459	479	8	1	345	6	3472	345 72
3	46	2	5	4678	48	8	1	9

图 1-12

第三步，继续进行简化。根据数独的规则，每个宫的数 1 ~ 9 不能重复。第一宫（左上）中已填 5、8、3、2，在此宫中的其他空格中不允许再填入 5、8、3、2，就可以筛除这 4 个数。其他 8 个宫可进行同样的处理，简化后得到图 5–13。由此可见，图 1–13 只是根据数独的规则得到的结果，而不是每个空格允许填入的那些数的初步信息，因此它不是最终的答案。要想得到最终答案，还必须想办法对其进行再简化，直至简化到每个空格中只有 1 个允许数，才能得到最终的答案。

第四步，由图 1–13 可知，（3，3）（3，5）（6，2）（8，1）（9，6）（9、7）这 6 格中的数只有 1 个，所以可以定下来了。因此，就可以把它们升格为唯一的允许数。按照上面的方法，再进行新一轮的简化。

5	8	49	492	49	6	7	32	1
461	4691	3	4912	5	7	82	82	62
671	2	7	3	8	81	4	9	56
2471	41	6	471	3	9	52	472	8
247 81	3	5	471	478	481	9	6	472
9	4	478	6	2	458	1	347	3457
468	7	1	49	469	2	38	5	34
4	459	49	8	1	34	6	3472	3472
3	46	2	5	467	4	8	1	9

图 1–13

剩下只有不多的小方格内有多个允许数，再按上面的方法进行两次简化，就可得到最终答案，如图 1–14 所示。解题到此结束，由此可见，仔细按上面四个步骤循环操作，只要细心，就不会出现错误。如果解题方法熟练了，四步可合做一步，在空格中逐个填入允许数即可。

5	8	4	2	9	6	7	3	1
1	9	3	4	5	7	2	8	6
6	2	7	3	8	1	4	9	5
2	1	6	7	3	9	5	4	8
7	3	5	1	4	8	9	6	2
9	4	8	6	2	5	1	7	3
8	7	1	9	6	2	3	5	4
4	5	9	8	1	3	6	2	7
3	6	2	5	7	4	8	1	9

图 1-14

（四）已知数标线法

一般而言，对于解数独的高手或有丰富经验者，很少使用上述的允许数标注法来解题。因为在所有空格上先把所有允许数一一标注出来，再根据每行、每列、每宫只有唯一数规则，分三步一步一步地去简化，这种做法虽然很稳妥，但很烦琐，也很费时间，仅适合于初学者解题时使用。

所谓“已知数标线法”是相对于“允许数标法”命名的。它不是在空格（即未知数）上标注，而是在实格（即已知数）上标线，再根据这个线索来找空格的答数。

具体标线方法有两种：一种是在被筛数上标线，从而找到空格的唯一数。这种方法也叫“唯一法”。另一种是从某个特定的已知数出发引标线，这个特定的已知数就是要找的某格的目的数，即答案数，通过标线来排除非目的数，从而达到解题的目的。

其实，在掌握了一定的方法和熟练的技巧后，并不一定要进行一一标线，有时只要心里有这些线索，就可达到目的。但是为了使读者便于了解和掌握具体方法，下面还是用线一一标出来，目的是让读者能看得明白、看懂具体方法。

1. 被筛数标线法

上面已述及，被筛数标线法就是在每行、每列、某宫的已知数上标线，达到在某行、某列、某宫排除这些已知数，而求得未知数的答案。其标线法又可分为单一标线和交叉标线等方法。

（1）某行、某列、某宫“九缺一”法。

在某行、某列、某宫中已有8个数，尚缺1个数，这就只需要单一的标线法即可。因为9个数已有8个，只缺1个，所以又叫“唯一法”。

图1–15是某行、某列“九缺一”的例子。第八行是“九缺一”的情况。此行已有1、2、3、4、5、6、7、8这8个数，缺9。所以只要在这一行上画上线，就很容易找到（8，8）的唯一数9。如图1–16所示。第四列是“九缺一”的情况。它已有2、3、4、5、6、7、8、9这8个数，缺1。此题最终答案如图1–17所示。

	7		6				2	1
3		9	1	8	4			
	8		2					
8		6			2			
			8		1			
			7			6		9
			3		9		7	
7	3	8	5	1	6	2		4
5	9		4				3	

图1–15

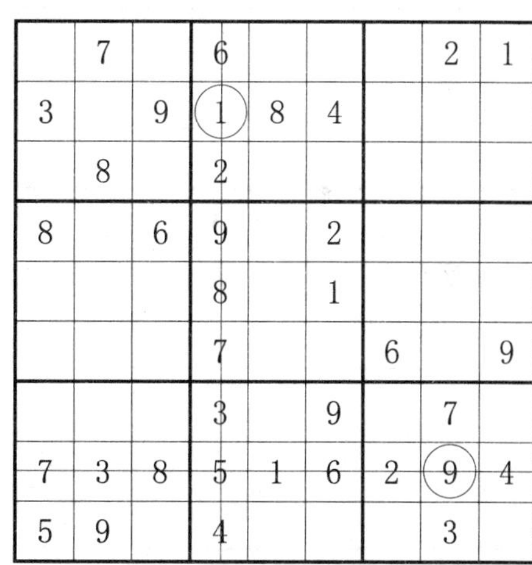

	7		6				2	1
3		9	1	8	4			
	8		2					
8		6	9		2			
			8		1			
			7			6		9
			3		9		7	
7	3	8	5	1	6	2	9	4
5	9		4				3	

图1–16

4	7	5	6	9	3	8	2	1
3	2	9	1	8	4	7	6	5
6	8	1	2	5	7	9	4	3
8	5	6	9	3	2	4	1	7
9	4	7	8	6	1	3	5	2
2	1	3	7	4	5	6	8	9
1	6	4	3	2	9	5	7	8
7	3	8	5	1	6	2	9	4
5	9	2	4	7	8	1	3	6

图 1-17

图 1-18 是某宫“九缺一”的例子。在第五宫中已有 1、2、3、4、6、7、8、9 这 8 个数，缺 5，只要在此宫的 8 个已知数上标线，就很容易找到所缺数 5，如图 1-19 所示。此题最终答案如图 1-20 所示。

	4	9				1	3	
1	2						7	8
8		6				9		4
			1	4	9			
			2		6			
			7	8	3			
9		3				4		2
2	5						6	3
	7	4				8	1	

图 1-18

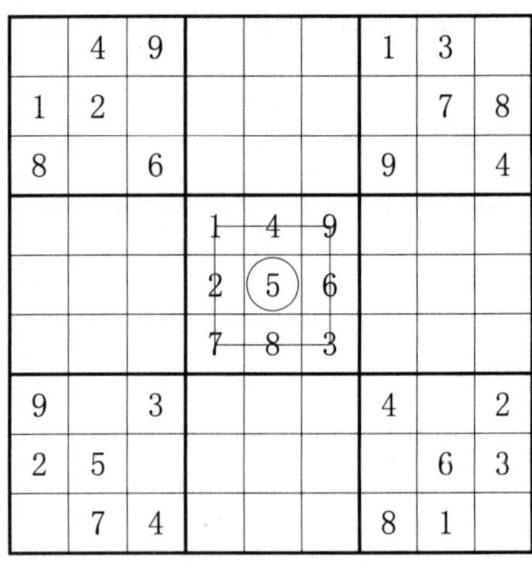

	4	9				1	3	
1	2						7	8
8		6				9		4
			1	4	9			
			2	5	6			
			7	8	3			
9		3				4		2
2	5						6	3
	7	4				8	1	

图 1-19

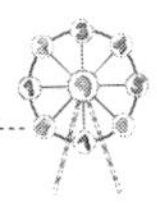

7	4	9	8	6	2	1	3	5
1	2	5	9	3	4	6	7	8
8	3	6	5	1	7	9	2	4
3	6	2	1	4	9	5	8	7
4	8	7	2	5	6	3	9	1
5	9	1	7	8	3	2	4	6
9	1	3	6	7	8	4	5	2
2	5	8	4	9	1	7	6	3
6	7	4	3	2	5	8	1	9

图 1-20

（2）行与列交叉“九缺一”法。

上面讲到的单独的某行、某列、某宫有 8 个数，只缺 1 个数，解法很明显，也很简单。但一般的数独题不会这么简单，往往要通过行、列、宫的交叉线才能找到唯一数。例如，在图 1-21 中，没有任何一行、一列、一宫有“九缺一”的情况。

7	3		4		2		6	1
1				7				8
				9				
5			8		9			4
	1	6				7	3	
2			6		7			5
				2				
3				4				2
4	8		1		5		7	3

图 1-21

对于这种情况，不妨采用行、列交叉法来试一试。先看（5，9）格（图 1-22），它处于第五行、第九列的交叉点上。可以在这行、这列上标出交叉线。在第九列上有 1、2、3、4、5、8 这 6 个数，缺 6、7、9 这 3 个数；在第五行有 1、3、6、7 这 4 个数，缺 2、4、5、8、9 这 5 个数，将第九列和第五行两组已知数放在一起，有 1、2、3、

4、5、6、7、8 这 8 个数，缺 9。根据数独每行、每列 1 ~ 9 不重复的规则，（5，9）格中的数只能是 9，而不可能是其他数。该题的最终答案如图 1–23 所示。

7	3		4		2		6	1
1				7				8
				9				
5			8		9			4
	1	6				7	3	9
2			6		7			5
				2				
3				4				2
4	8		1		5		7	3

图 1–22

7	3	9	4	8	2	5	6	1
1	4	5	3	7	6	2	9	8
6	2	8	5	9	1	3	4	7
5	7	3	8	1	9	6	2	4
8	1	6	2	5	4	7	3	9
2	9	4	6	3	7	8	1	5
9	5	1	7	2	3	4	8	6
3	6	7	9	4	8	1	5	2
4	8	2	1	6	5	9	7	3

图 1–23

（3）行、列、宫三交叉“九缺一”法。

在行、列交叉之外，如再加上宫的交叉，会使数独的解答开辟一条更为广阔的路。有的谜题可用行、宫交叉就可解，但是有的谜题只有用行、列、宫三者交叉才有解。如图 1–24 所示的数独。现在来看（2，7）格（如图 1–25 所示），如果仅从交叉行、列看，有 1、3、8、2、4、7 共 6 个数，得不出唯一解。要是仅仅看它所在的行和宫，则有 1、3、8 和 2、4、5、6 共 7 个数，同样得不出唯一解。再仅看它所在列和宫，仍只有 1、2、4、7、8 和 5、6 共 7 个数，得不到唯一解。只有考虑第二行、第七列、第三宫三者的关联，才得知有 1、3、8 和 2、4、7 以及 5、6 共 8 个数，得出唯一解为 9。这道题的全部答案如图 1–26 所示。

						4	5	
	3				1		8	
	5		8	9			6	2
1				6		7	4	
	9	8		4		1		6
		6				2		
	4		1	8				
	6		4	2				
2		9	6	3		8		

图 1–24

						4	5	
	3				1	9	8	
	5		8	9			6	2
				6		7	4	
	9	8		4		1		6
		6				2		
	4		1	8				
			4	2				
2		9	6	3		8		

图 1–25

9	8	2	3	7	6	4	5	1
6	3	4	2	5	1	9	8	7
7	5	1	8	9	4	3	6	2
1	2	3	9	6	8	7	4	5
5	9	8	7	4	2	1	3	6
4	7	6	5	1	3	2	9	8
3	4	5	1	8	7	6	2	9
8	6	7	4	2	9	5	1	3
2	1	9	6	3	5	8	7	4

图 1-26

现在以图 1-27 为例来说明行、列、宫三交叉的用法，在此图中，要求解出圆圈所在格中的数，并提示这 4 个数是 2、5、6、9。

7			3	6		5		
○	2	3			1		6	
	1			5			9	8
	3		1	4		○		2
		9	2			8	4	
2		4			9	6		
		7	4		5		3	○
6		○			8	1		7
3	5			2				9

图 1-27

解题时，先看（8，3）格，此格中所在的行、列中有 1、6、7、8 和 3、4、9 共 7 个数（如图 1-28 所示）。

7			3	6		5		
	2	3			1		6	
	1			5			9	8
	3		1	4				2
		9	2			8	4	
2		4			9	6		
		7	4		5		3	6
6		2			8	1		7
3	5			2				9

图 1-28

如果只考虑行、列，找不到唯一数。只有再考虑这格所在的宫，它还有个 5。所以得出（8，3）格的唯一数为 2。再看（7，9）格，它所在行、列中有 3、4、5、7 和 2、8、9 共 7 个数。同样要加上该宫中的 1，才能找到唯一数 6。至于（4，7）格和（2，1）格中的数，则不必用行、列、宫的三交叉来解，在此需要附带说明一下，如图 1-29 所示。先看（4，7）格，它所在行、列中有 1、3、2、4 和 5、6、8 共 7 个数，缺 7、9 这 2 个数。再看（2，1）格，它所在行、列中有 1、2、3、6 和 7 共 5 个数，缺 4、5、8、9 共 4 个数。因为提示的 4 个数 2、5、6、9 中已用 3 个数：（8，3）格中的数为 2，（7，9）格中的数为 6，（4，7）格中的数为 9，所以（2，1）格中的数为 5。

7			3	6		5		
5	2	3			1		6	
	1			5			9	8
	3		1	4		9		2
		9	2			8	4	
2		4			9	6		
		7	4		5		3	6
6		2			8	1		7
3	5			2				9

图 1-29

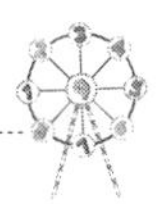

从上面可以发现，要有效地准确找到某行、某列、某宫中空格的数，在使用已知数标线法时，应该先从那些已知数比较多的行、列、宫入手。在使用交叉标线法时，也要运用智慧和经验，从那些交叉的行、列、宫中已知数比较多的入手。

2. 目的数标线法

所谓“目的数标线法”就是从某一个预想的目的数出发引出标线，把这些标线集中到某宫、某行、某列，然后在其中排除不允许该目的数存在的格子，而将目的数落实到正确的格子中。要有效地找到预想的数应处的空格，一般应在现有的实格中找出格数最多的相同数，再从这个数入手。如果这样的相同数已有8个，仅差1个，那就最好找了。目的数标线的方式，一般有两种：一种是将标线集中到某宫；另一种是将标线集中到某行或某列。

（1）目的数标线集中到某宫。

这种方法是以宫作为找目的数的区域。该法也有人称为宫区排除法，就是将数独中的九宫按横排、竖排分区，然后在区域内的行、列中标线。因为标线都是从已知数作为目的数出发的，所以凡是在标线上的数都可以排除，最后在标线未到达的空格找到目的数，即找到答案。

我们先从简单到复杂来进行分析。在图1–30的上方涉及2个宫（第一宫和第二宫）。在第一宫中有1个已知数8，第二宫中有5个非8的已知数。从第一宫的8引一标线到第二宫，根据数独规则，可排除第二宫第一行为8的可能，则得到（2，4）格中的数为8。

而在该图的下方则涉及3个宫，即第八宫、第九宫各有1个8，第七宫中有2个非8的已知数，从第八宫、第九宫的8引标线到第七宫，即可得到（8，1）格中的数为8。由此可见，图1–30中标线只涉及某行或某列的宫区标线就可达到排除目的数的效果。

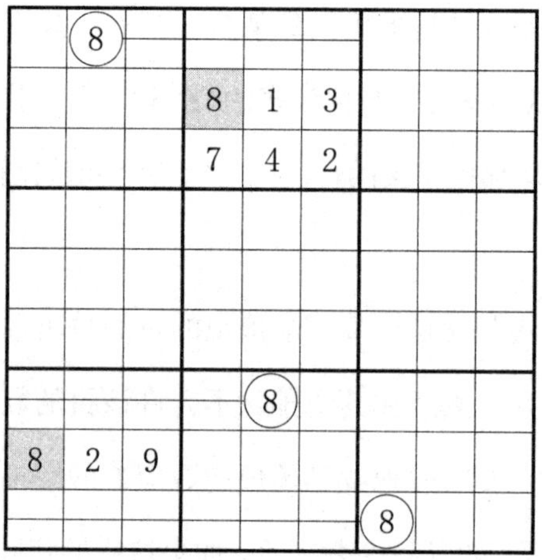

	8							
			8	1	3			
			7	4	2			
				8				
8	2	9						
						8		

图 1-30

图 1-31 相对较复杂些，它涉及数交叉的宫区，即横竖交叉的几个宫。在第二宫、第六宫有 8，第三宫中有 3 个非 8 的已知数，从第二宫、第六宫和第三宫引标线，可找到（3，8）格中的数为 8；第四宫、第八宫和第九宫有 8，第七宫中只有 1 个非 8 的已知数，从第四宫、第八宫和第九宫向第七宫引标线，可找到（8，1）格中的数为 8。

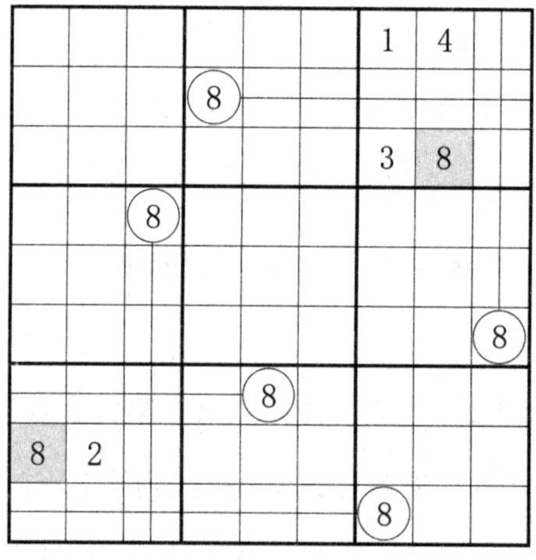

图 1-31

图 1-32 和图 1-33 则是更为复杂的一些标线法，由已知数（目的数）和中间的未显示的已知数引标线。如图 1-32 所示，它涉及 3 个宫，即第一宫、第三宫和第九宫，已知数 8 在第一宫，要找的目的数在第九宫，似乎是风牛马不相及。但是，通过一个转折，则可以将它们联系起来，先从第一宫的 8 向第三宫引标线，表示第三宫中

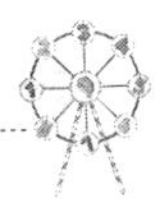

第一行3个格数不可能为8。那么必定出现在第三宫（2，8）、（3，8）这两个空格中。既然如此，就可以把这个隐形的8显现出来，由此引一标线到第九宫，表明在第九宫中间的3个空格也不能为8。那么只有（9，7）小方格中的数为8。

	⑧							
						5		6
						3		9
						9		2
						7		4
						8		1

图1-32

现在再来看图1-33，它经过两次转折，涉及4个宫，即第一宫、第三宫、第七宫和第九宫。它比图1-32多一个转折是在第七宫上，即第七宫的第二列不能为8，则该宫第八行必定有8，从这一行引出标线到第九宫，加上从第三宫引来的标线，表明（9，7）格中的数为8。

	⑧							
						5		6
						3		9
6		4				9		2
7		5				8		1

图1-33

在此需要指出的是，一般而言，使用已知数标注法来寻找目的数，最好先从已知数最多的那个数开始，这样找目的数就更容易些。当然，这也不是绝对的，因为有的数独虽然已知数很多，但布局却往往设下陷阱，未必能达到预先的效果。现以图 1–34 为实例来加以说明。

	8	3		5		1	4	
9		7		1		5	2	
	5	6		4		3		9
4	6	8	1					
	9		2		8		7	
					4	6	1	8
6		4		8		9	3	
	2	9		3		7		4
	3	5		2		8	6	

图 1–34

在图 1–34 中，已知数 8 是比较多的，共有 6 个，如图 1–35 所示，尚缺 3 个，我们试着来找一找。即把 8 作为预想的目的数，从有 8 的 6 个宫中向没有 8 的 3 个宫分别引标线，即将标线集中到要找 8 这个目的数的宫中，以期找到 8 在这 3 个宫中的准确位置（即格子）。在引标线时，可以遵循从简单到复杂的顺序来进行，有的则要引多根标线才能达到目的。

	8							
		8						
					8			
								8
				8				
						8		

图 1–35

我们先从第六宫中的 8 开始，沿第九列引一标线到第三宫。这样，在第三宫中，(1，

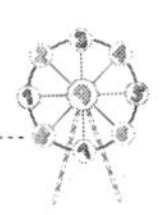

9）格中的数和（2，9）格中的数都不能是 8，所以，只有（3，8）格中的数为 8。由于（3，8）格中的数为 8，所以又可以从这个 8 引一标线到第二宫，再从第一宫和第五宫的 8 分别引出标线到第二宫，这样在第二宫中，（1，4）格、（1，6）格、（2，6）格、（3，4）格、（3，6）格中的数都不能是 8，所以只有（2，4）格中的数是 8。再从第八宫和第九宫中的 8 出发，引两条标线到第七宫，这样，在第七宫中，（7，2）格、（9，1）格中的数不能为 8，则（8，1）格中的数为 8，如图 1–36 所示。至此，9 个宫中 8 的位置全部确定。该数独的最后答案如图 1–37 所示。

	8	3		5		1	4	
9		7	8	1		5	2	
	5	6		4		3	8	9
4	6	8	1					
	9		2		8		7	
					4	6	1	8
6		4		8		9	3	
8	2	9		3		7		4
	3	5		2		8	6	

图 1–36

2	8	3	9	5	6	1	4	7
9	4	7	8	1	3	5	2	6
1	5	6	7	4	2	3	8	9
4	6	8	1	7	5	2	9	3
3	9	1	2	6	8	4	7	5
5	7	2	3	9	4	6	1	8
6	1	4	5	8	7	9	3	2
8	2	9	6	3	1	7	5	4
7	3	5	4	2	9	8	6	1

图 1–37

（2）目的数标线集中到某行、某列。

将目的数标线集中到某行、某列有时很难找到答案，需要有敏锐的眼光和丰富的经验。图 1–38 所示是目的数标线集中到行的例子。先看第四行，该行中有 5 个空格。我们将目的数 6 从（1，9）格、（2，6）格、（7，4）格、（8，7）格分别标引到这一行（如图 1–39 所示），表示该行的（4，4）格、（4，6）格、（4，7）格和（4，9）格中的数不能为 6，所以（4，5）格中的数为 6。图 1–40 所示为该题的最终答案。

5			1		7			6
		7	9		6	4		
	8		5		2		9	
4	5	2					7	
9	7	6				1	5	3
	2		6		4		1	9
		8	2		3	6		
7			8		9			2

图 1–38

5			1		7			6
		7	9		6	4		
	8		5		2		9	
4	5	2		6			7	
9	7	6				1	5	3
	2		6		4		1	9
		8	2		3	6		
7			8		9			2

图 1–39

5	4	9	1	8	7	3	2	6
2	1	7	9	3	6	4	8	5
6	8	3	5	4	2	7	9	1
4	5	2	3	6	1	9	7	8
8	3	1	7	9	5	2	6	4
9	7	6	4	2	8	1	5	3
3	2	5	6	7	4	8	1	9
1	9	8	2	5	3	6	4	7
7	6	4	8	1	9	5	3	2

图 1–40

图 1–41 所示为目的数标线集中到列的例子。它的第二列有 5 个空格（如图 1–41 所示）。由该图可看到第一宫和第四宫都有 6，显然该列的（2，2）格、（3，2）格和（5，2）格中数不能为 6。因为我们将 6 作为目的数，从这 2 个格向该列引标线即可明白。至于该列（7，2）格中的数，因为该列中的（7，4）格中的数为 6，所以从这个目的数引一条标线到第二列，得到（7，2）格中的数不能为 6。因此，可以得知只有（8，2）格中的数为目的数 6。如图 1–42 所示。同理，可以找到第五列（1，5）格中的数为 2。该题的最终答案为图 1–43 所示。

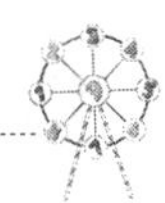

	4						9	
6			5		1			2
		2	7		9	3		
	5	6	2		7	8	4	
	9	8	3		4	6	7	
		5	6		3	9		
			1		2			5
	3						6	

图 1-41

	4			2			9	
6			5		1			2
		2	7		9	3		
	5	6	2		7	8	4	
	9	8	3		4	6	7	
		5	6		3	9		
8	6		1		2			5
	3						6	

图 1-42

5	4	3	8	2	6	1	9	7
6	7	9	5	3	1	4	8	2
1	8	2	7	4	9	3	5	6
3	5	6	2	1	7	8	4	9
4	1	7	9	6	8	5	2	3
2	9	8	3	5	4	6	7	1
7	2	5	6	8	3	9	1	4
8	6	4	1	9	2	7	3	5
9	3	1	4	7	5	2	6	8

图 1-43

3. 被筛数和目的数综合标线法

对于比较简单的数独题，通常可以通过单一的被筛数标线法或目的数标线法就能找出某空格的答案。但是，对于比较难解的数独题在很多情况下使用以上单一的标线法时，还会留下若干个待定空格来。另外，使用目的数标线法可能在某行、某列、某宫出现两个空格，也要用到被筛数标线法来确定答案。这就是说，要综合用到以上两种标线法。

（1）综合筛选法确定目的数。

该法是先用被筛数标线法，找到可能的目的数，再用目的数标线法来确定某个目的数。在图 1-44 中，由于第七列已有 6 个数，尚缺 3 个数，解题时可考虑先用被筛数标线法，筛出（4，7）、（5，7）和（6，7）格的数来，再想办法从中找到目的数，如图 1–45 所示。在这 3 个格中，目的数各为 5、3、6，但还不能确定它们各在哪一格。此时可再用目的数标线法来找线索。可以发现，第二宫、第四宫和第八宫中都有 5，因此可用 5 作目的数，向第五宫引标线。可以得到（4，5）格中的数为 5。

	8	9	5		1	4	3	
3	6				9	2		1
		1		2		8		
			2		3		7	8
	5						4	
7	2			6				
	7	8		9	5	1		
6		5	7	3		9		4
9		2			8	7		

图 1–44

	8	9	5		1	4	3	
3	6				9	2		1
		1		2		8		
			2	5	3		7	8
	5						4	
7	2			6				
	7	8		9	5	1		
6		5	7	3		9		4
9		2			8	7		

图 1–45

现在，我们可以从第四行的 5、3 向第七列引标线，得到（4，7）格中的数不可能是 5、3，所以它应为 6。这样，就在（4，7）格中得到目的数 6。同样，从第五行的 5 向第七列引标线，得到（5，7）格中的数不可能为 5，只能为 3；因而（6，7）格中的数是 5。此题全部答案如图 1–46 所示。

2	8	9	5	7	1	4	3	6
3	6	7	4	8	9	2	5	1
5	4	1	3	2	6	8	9	7
1	9	4	2	5	3	6	7	8
8	5	6	9	1	7	3	4	2
7	2	3	8	6	4	5	1	9
4	7	8	6	9	5	1	2	3
6	1	5	7	3	2	9	8	4
9	3	2	1	4	8	7	6	5

图 1–46

（2）用设定法来判别目的数。

使用目的数标线法有时会出现两个或两个以上的空格，不能确定目的数到底在

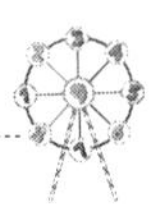

哪一格，这时可以用设定法来判别。而在设定中往往又要用到被筛数标线法。如图 1–47 所示，采用目的数标线法，将目的数 1 从第二宫、第三宫引向第一宫时，此时（1，2）、（1，3）格中必有 1 个格中的数为 1，如图 1–48 所示，那么，到底哪一格中的数为 1 呢？可先假设 1 个数来试解。

8					7			4
	3		1					6
				9		1		7
		3		6		7	4	
						6	1	
6	8			4				9
1						8	7	3
3	9	8				4	6	5
		4			3	2	9	1

图 1–47

8	1？	1？			7			4
	3		1					6
				9		1		7
		3		6		7	4	
						6	1	
6	8			4				9
1						8	7	3
3	9	8				4	6	5
		4			3	2	9	1

图 1–48

先假设（1，2）格中的数为 1，如图 1–49 所示。用目的数标线法，从第一宫、第六宫、第七宫的 1 向第四宫引标线，得（6，3）格中的数为 1。再从第二宫、第四宫、第六宫的 1 向第五宫引标线，得（4，6）格中的数为 1。又从第二宫、第五宫、第七宫、第九宫的 1 向第八宫引标线，得（8，5）格中的数为 1。此时看第八行（如图 1–50 所示），该行已有 1、3、4、5、6、8、9 共 7 个已知数，缺 2 和 7，因为第六列已有 7，所以（8，4）格中的数为 7。

8	1				7			4
	3		1					6
				9		1		7
		3		6		7	4	
						6	1	
6	8	1		4				9
1						8	7	3
3	9	8				4	6	5
		4			3	2	9	1

图 1–49

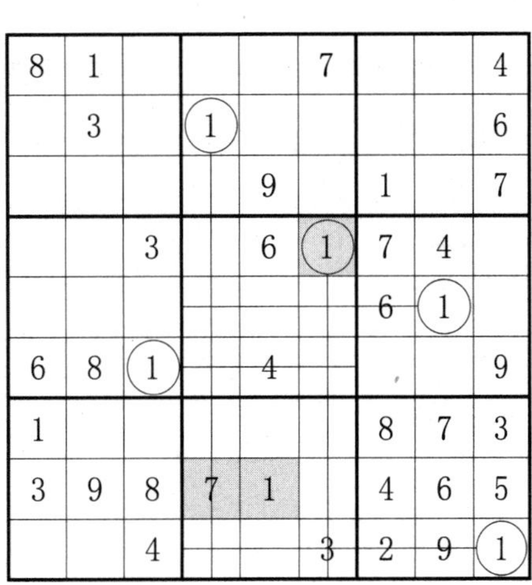

8	1				7			4
	3		1					6
				9		1		7
		3		6	1	7	4	
						6	1	
6	8	1		4				9
1						8	7	3
3	9	8	7	1		4	6	5
		4			3	2	9	1

图 1–50

再用目的数标线法，得 (5，5) 格中的数为 7。至此，若从第五宫、第六宫内的空格中的数都不允许为 7，而现有的已知数也没有 7，这就出现了一个不合理的结果；第四宫没有 1 格中的数是 7。由此可知，原来假设的（1，2）格中的数为 1 是错误的。而正确的结论是（1，3）格中的数为 1。此题的最终答案如图 1–51 所示。

8	6	1	5	3	7	9	2	4
7	3	9	1	2	4	5	8	6
4	5	2	8	9	6	1	3	7
2	1	3	9	6	5	7	4	8
9	4	5	3	7	8	6	1	2
6	8	7	2	4	1	3	5	9
1	2	6	4	5	9	8	7	3
3	9	8	7	1	2	4	6	5
5	7	4	6	8	3	2	9	1

图 1–51

此法和“允许数标注法”中用设定法来解答的思路是相同的。只是在具体的做法上有所区别而已，一个是用“允许数标注法”，另一个是用“已知数标注法”虽然方式不同，但效果是相同的，可以说二者是“异曲同工”。

假设法是一种不得已而为之的最终法宝。常见的假设法是在某格存在 2 个允许数时采用。一般是先假设其中 1 个是对的，然后按此法继续往下解题，解到一定程度时，若发现有不合理的现象，即不符合数独规则的情况，如某行、某列、某宫有重复的数或有缺失的数等，此时，就可以断定原来的假设是错误的。因此，可以断定正确的数应该出现在另一个格子中。一般而言，如果用假设设定的数是错误的，可以及时迷途知返；但若设定的数是正确的，反而难以断定是否正确，因为正确的结论一定会顺利地解下去，这样，有时只有等到全部合理解题后，才能知道是对的。所以，用假设法之所以可行，基于数独的答案唯一性这个规则。

三、谜题（NO.1-1 ～ NO.1-50）

NO.1-1

	2							
7		5	1	8				2
1	9	4	7					
		7			8	5		9
	3		5		7	2		1
	5	2	3	1				
		3	6			4	2	
			4			7	6	
			8				1	3

NO.1-2

		7			5		9	
1							6	
		4	9	8	1	7		2
	6					2	7	
				3				
	4	9	2		7		8	
	2		1	7	8	5		
	5							4
	1		3			6		

NO.1-3

2		9			6	3		4
8	3		7	2				
					4	7	9	
1	5		3					
				6				
	9				5	8	3	1
	8	6	1		2			
					7		2	8
		5				4		7

NO.1-4

	5				7		4	
9	7		6		8	1		
	3	1	2					9
	6				9	4		7
	1			6			8	
4		8	1				9	
	8				2	7	3	
		2	7		1			8
	9		3				5	

NO.1-5

3		4						
		6	8	1		2		7
	2			5	6		8	
	7		6		4		1	
8		3		7		6		9
	1		9				5	
2	9		3	4			7	
1	6			8	9	4		
					7	8		2

NO.1-6

	4				7			
2	8	3		6	9		4	
					1	9		3
				9	3	4		
1	7				2		9	
	9		4					2
	6				8	1		
		5		1		2		
8			2		4	6	5	

NO. 1-7

	3							
		5	2		1			7
7				8	6	9		4
3								2
	6	4	5		9		7	
2				4				8
5		2	4	6				3
4					5	2		
							8	

NO. 1-8

	5	4	9		1			
						8		4
2	8		3		5			9
		8					7	
5		2	8	6	7	4		
	9					2		
1			6		4		2	8
3								
	4		1			9	6	

NO. 1-9

9	8				4	1		3
			8			7		
	7	1	2		3	5	6	
	1				6			
	2		4		9		3	
6		3	5				1	
	5	4			8	2	7	
		6						
		8	1	6			5	9

NO. 1-10

				9		7		
	6	2		8	5			3
9		7	1	4		8		
6		9					2	
4	7			2			8	5
	8		5		9	6		4
	2	4	9	5	8			1
8						2	7	
				1		5		

NO. 1-11

7		9			3			5
3				5			7	4
	6	4	1	7	8			3
	4	6				7	5	2
		5	6	2			4	9
2	3	7				1		
	5	3	7	9	6	4		
4	7			1		9		
6	9			8				

NO. 1-12

7	9				4			3
	1		6	7	9	2		5
2								
	2	3						
			5		7			4
	5		3			8	9	
			9		6		3	
				4	5		6	
6	4	9	8		3		7	2

NO. 1-13

	4	3						1
2	9			8	7			3
	8		4					2
	6	9					3	5
			8		9			
5				3			7	
					8		4	
4		8	3	1			5	7
7						1	2	

NO. 1-14

7		6	2		1	5	8	4
3						6		
1		2		8		7		
9				1				5
		7	8	9	4	3		
8				7				2
				4		2		7
		8	9		5			3
2	3	5				4		

NO. 1-15

9					8			4
		5		4	6	2		
	2					5	8	
	4	8	2	6		3		
6								7
		7			9	4	6	
	3	4					5	2
	6	2	8	5		9		
5			3					6

NO. 1-16

	9			1		8		2
4					9		7	6
	7	3		8	5			
		6	9		3	7	4	1
7	5			2				
		1		6		2		
1	6	9	8	4	2	3	5	
	4							8
			3			6		

NO. 1-17

	2			6				9
		7	5		8	4		1
8	1		7				2	
								2
	5	9	4	3		6		8
2	3		1	8			4	
6						1	5	
	7	4	9	1				3
3				5	7		6	

NO. 1-18

		6	1	3				9
	3	2		4		7	8	
	5				7	6		4
4	9					2		6
	8		3	7				5
		7				3		
8				2				3
	7			1	6	8	4	
	1	4	5			9		

NO.1-19

		7		8	2			3
3	5	9	1		7		6	2
							4	
1	9						7	
		8	7	5	3		9	6
6				9		3		4
		6		1				
7		4		3		6	5	9
		2	6	7			8	

NO.1-20

8	1	4			7	9		
	7			2			6	
					8	4		
	6		8		4	5		
4		7			1			3
	3		2	7	5		9	
5				1	6			9
	9	6					4	1
3	8	1					5	

NO.1-21

3		9	1	8			2	
		8				5		9
7				4	6			1
	8					3		
5		7		9				4
4		1	8	5		7		6
	7			1				2
2		3			4	1		8
					9			3

NO.1-22

				6				
6	5	7		4				
9		1	3				6	8
		4	6	8				
				7				2
5		8			3	4	7	
				1	6	2		
8	1		2				5	7
4						1	3	

NO.1-23

		7		9			3	
		1	6			5		2
		8		3				
		2			7	8	4	
	4			8			1	
	7	9	1			6		
				5				1
2		6			9	7		
	1			7		4		

NO.1-24

	5				8	4		
				6			1	
3	1	2			5	6		
1	9	4						
2	6		8		9		3	4
						2		7
		5				3	6	1
8				2				
		9	7	1	3		8	

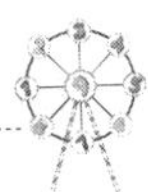

NO.1-25

		5			4		9	
2			6	3			5	
3					1	7	2	
		2	4	9				5
	5						4	
1				6		2		
	2	7	5					1
4	9			2	6		7	8
	8		1			4		

NO.1-26

6				7	3	4	8	
		4	1				7	
5					8		3	2
4		9		3		5		
				1				
7		3		9		2	4	6
3	5		9		6			
	4				2	7		
	2	6	7	4				3

NO.1-27

				7			8	5
8			6	9	5		1	
		6	4				3	
		5						
		1				9		3
		3		5	4		2	
						3		1
3	7	5	1	6	9			
	9			4				6

NO.1-28

3						4	9	
			7				1	
	2			4	9		6	
					3	8		9
			6		1			
2		5	8				3	
	3		9	2			8	
	4				8			
	6	7				9		3

NO.1-29

	8			4				1
			3			4		
9		2	7		1		8	6
6		7				9		5
			5	1	2			
1		4				8		2
2	7				6	5		4
		1			3			
				2			7	

NO.1-30

6			3	5		2		
		3	1					9
5		4			2	1		
1			7		9			
7	9					3	4	5
		6	8		5			1
		7	6		1	9		3
8						6		
		1		8	3			7

NO.1-31

1					3			7
6			1	4		5		
4		8		5	9	3	1	
2		6	7				9	
	8							
	1	7			8	6		2
	5	4	3	8		9		
		3		7	1			8
			5			7		4

NO.1-32

		4				5	8	
2				5		7		
6			4	8		9	3	
5		2	9	1		4		
			8	6	2			9
				4	5			
		6	5			1		
7			1		6			8
	9							

NO.1-33

7				1		8		
	6		8	4		9		7
	1		9			3		
5		8					6	
	9		2		1	5		8
		2			3	7	9	
9		4		2	7		5	
		6		5				1

NO.1-34

	6	4	5					9
				9		1	2	
		7			8			3
4		6	3			7	1	
				5				
	5	3	6			9		
			9			3		7
	2	5		6				
7					5	2	8	

NO.1-35

5	8	3		2		7		9
						2		3
	7		9		4		6	
	1		4		8	3		2
	4						7	
6		8	2		3		9	
	6		3				8	
9		5			7			
		7		1		4	2	5

NO.1-36

		8			9			
	9		5	7	4			
4			6			9	1	7
5				9	6		2	
	2	7		5		4	8	
	3		8					9
	1				7			5
			4	2	1		9	
2	4	6				7		

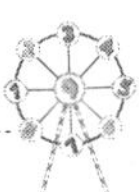

NO.1-37

5			9					
8	3		7	4			6	9
						5		
	9			5	4			3
				7	9		8	
	6	5	1		8		4	
9	2	3		8				6
			5				2	4
4		7	3					

NO.1-38

6					4		7	
4	9		8	7		3		
	3	1		9			8	
				8		5	9	
3		5	2	1	9	8	6	7
				5	6		1	
5	1			3			2	
	7	6			8		3	9
		3		6		7		

NO.1-39

		8		9			5	6
6	2			3			4	
		9	2		7			3
	1		9				6	
3				4				1
	7				6	3		
2			4		1	9		
	5			8			7	
9	8					4		

NO.1-40

		7		2		8	9	1
	2		6					
3	1		4	9		7		
	8				2		4	
	9	2	7	5		6	3	
	3		1					
					9		2	7
			3		1		8	
8	7	3		6		9		

NO.1-41

7	1			3				8
	4			6		5	3	7
5			9		8			
		6	3					
4	3		7		5	6	8	9
					1	4		
1			8		6	3		5
3	2						9	
		9		5			4	1

NO.1-42

9								
	3		2		5			
		6	8		7			
	9		1	8	3	2		
		8	7	6				4
7							1	
			6	7		1		
2		7		3		6	9	
1	6		4	2		7		3

NO. 1-43

		9			7	2	6	
	8			3	9		4	7
	4			5		3	1	
						6		
		5		8	1			
9	1		2		6	8		5
1	7			2		9		
3		2	7				8	
	5	6	1		4		3	

NO. 1-44

9	6			2	8		3	
				9	4			
	2	5			1	8	7	9
	5				2			
				8			4	5
1	4	8	6			3	9	2
	7	4	9		6		8	
3				5				4
6				4	3	1		7

NO. 1-45

			2		7			4
	4	6	1	8		5		9
	3	2	6					1
5				6		3		8
4	9	3	8		1	2	7	6
	8						9	
	1			3			6	
8		9		2			5	
		5	9	1	6		4	2

NO. 1-46

	5			4	1		2	6
		8	9	6	3			
7								1
8	4	2	3	5	7	1		9
5	7			9		3		2
		1			4	5		
	1		8	3	2		9	5
	3		5		6	4		
		5					7	

NO. 1-47

		9		8			5	
1	3				9		6	
			3	5				1
8	5	2	7		6			9
							3	5
	7	3	4					8
			1		7		8	
5		7	8		2			
	8					2		7

NO. 1-48

3	2			6				
						2		3
8	4	1	9					
1				7	6	5		8
6		2		9				4
					2			
7			1				6	2
					4	7		5
	3	4	6					9

NO. 1-49

	1	7	9				8	
	2		7	5	4			
	9	4		3			2	
7							3	
3		1				2		
	5					9	7	4
			4		8		6	5
1	6		5	7				2
4				2			1	9

NO. 1-50

					5			3
4	7		6	2		1		8
9		2			4	6		
8	2						6	
		4	1				7	5
5	1				9	8	3	4
3		1	7		6			2
	5	6	3			7		
					2		1	

第二章

九字（9×9）对角线数独

对角线数独是在常规数独的基础上发展起来的，其特点是除具有常规数独的基本特性以外，两条对角线上的 9 个小方格中数字也是 1 ～ 9 不重复，这给解题又多了一个途径，成为四条件数独。

一、九字（9×9）对角线数独规则

（1）每行 9 个小方格中的数字，1 ～ 9 不重复。

（2）每列 9 个小方格中的数字，1 ～ 9 不重复。

（3）9 个 3×3 的九宫格中的数字，1 ～ 9 不重复。

（4）两条对角线上 9 个小方格中的数字，1 ～ 9 不重复（如图 2–1 所示）。

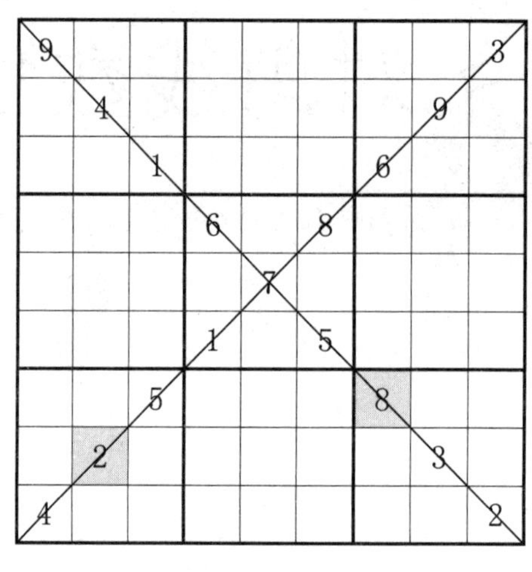

图 2–1

二、解题方法

对角线数独的解法就是在运用常规数独的解题方法解题时，还要使用两条对角线上小方格中的数字 1 ～ 9 不重复。灵活运用对角线数独的 4 个性质，要比解常规数独容易些。

三、谜题（NO.2-1 ～ NO.2-50）

NO. 2-1

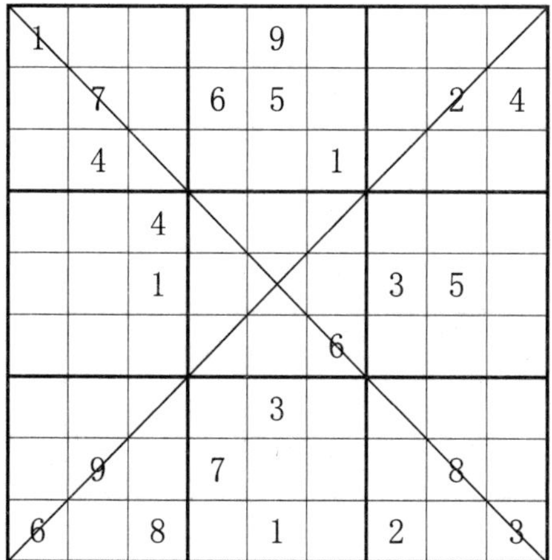

1				9				
	7		6	5			2	4
	4				1			
		4						
		1				3	5	
					6			
				3				
	9		7				8	
6		8		1		2		3

NO. 2-2

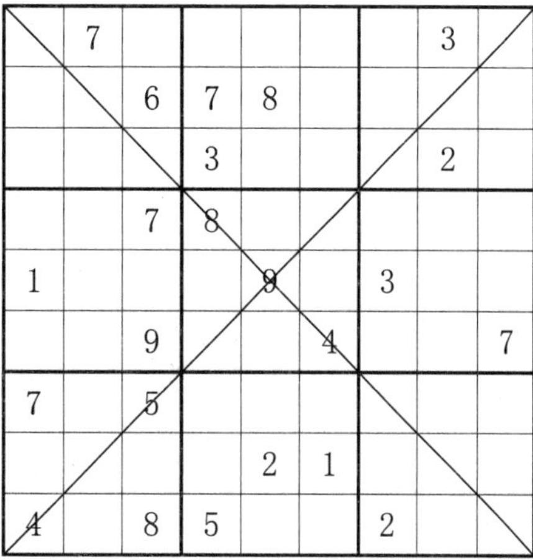

	7						3	
		6	7	8				
			3				2	
		7	8					
1				9		3		
		9			4			7
7		5						
				2	1			
4		8	5			2		

NO. 2-3

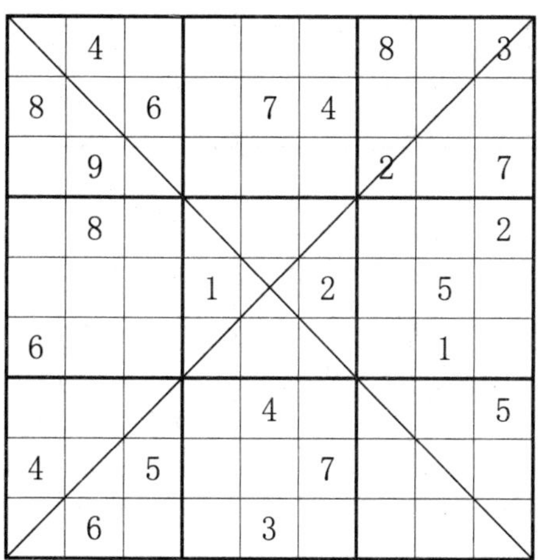

	4					8		3
8		6		7	4			
	9					2		7
	8							2
			1		2		5	
6							1	
				4				5
4		5			7			
	6			3				

NO. 2-4

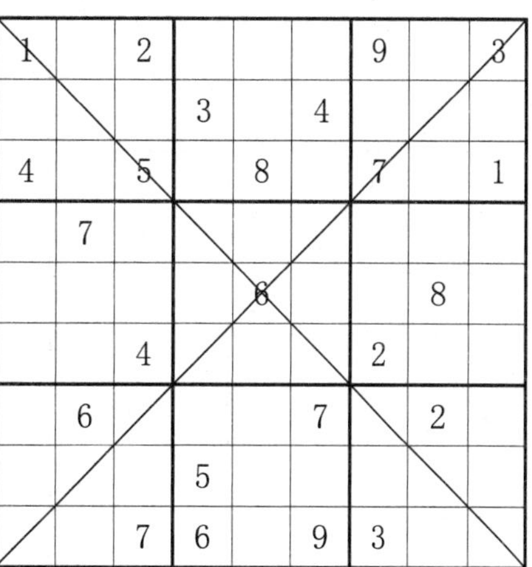

1		2				9		3
			3		4			
4		5		8		7		1
	7							
				6			8	
		4				2		
	6				7		2	
			5					
		7	6		9	3		

NO. 2-5

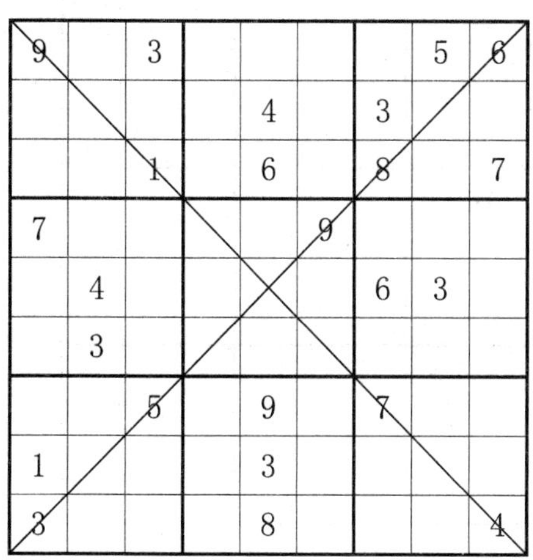

9		3					5	6
				4		3		
		1		6		8		7
7					9			
	4					6	3	
	3							
		5		9		7		
1				3				
3				8				4

NO. 2-6

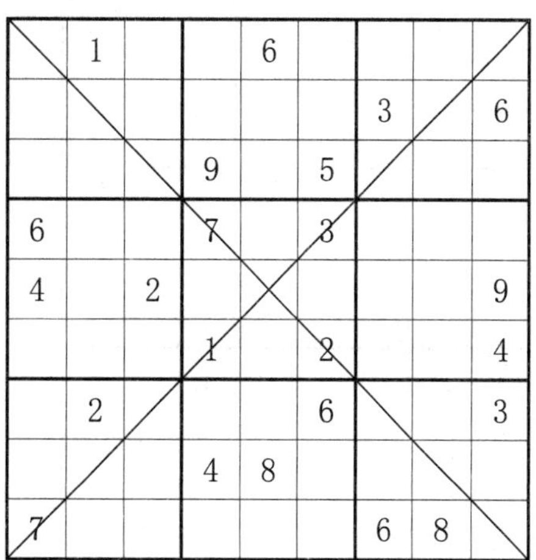

	1			6				
						3		6
			9		5			
6			7		3			
4		2						9
			1		2			4
	2				6			3
			4	8				
7						6	8	

NO. 2-7

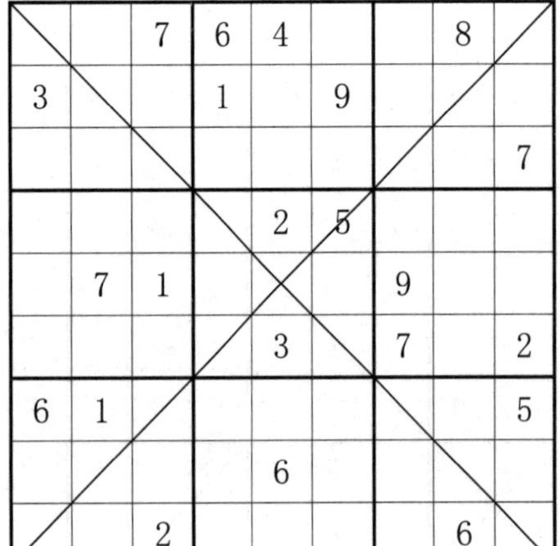

		7	6	4			8	
3			1		9			
								7
				2	5			
	7	1				9		
				3		7		2
6	1							5
				6				
		2					6	

NO. 2-8

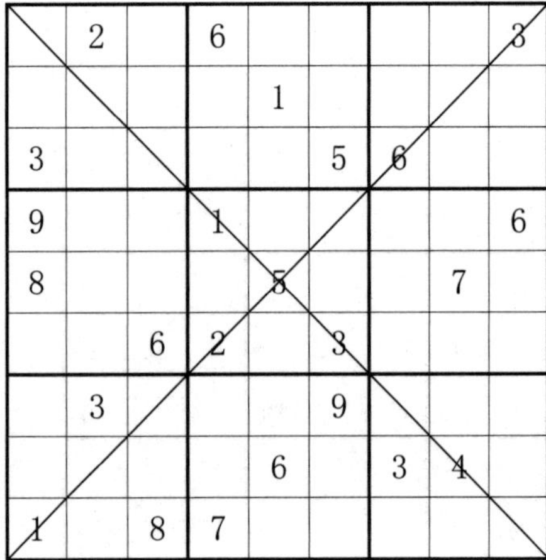

	2		6					3
				1				
3					5	6		
9			1					6
8				5			7	
		6	2		3			
	3				9			
				6		3	4	
1		8	7					

NO. 2-9

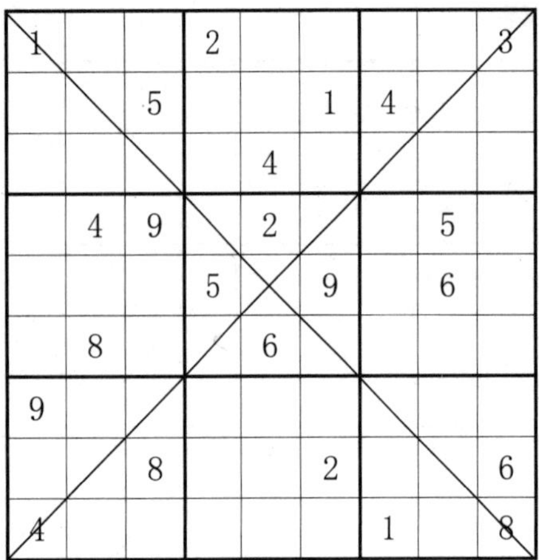

1			2					3
		5			1	4		
				4				
	4	9		2			5	
			5		9		6	
	8			6				
9								
		8			2			6
4						1		8

NO. 2-10

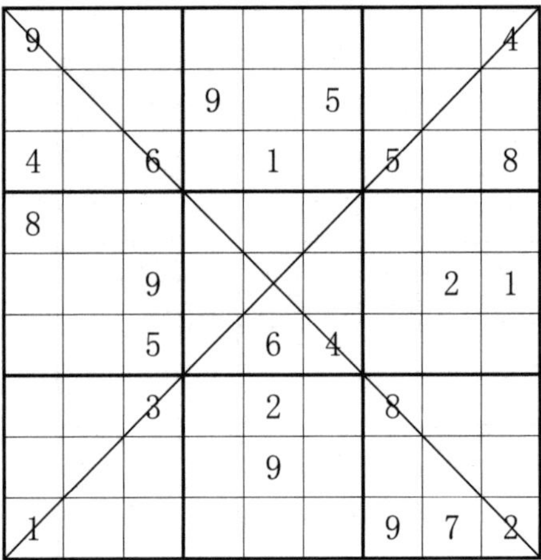

9								4
			9		5			
4		6		1		5		8
8								
		9					2	1
		5		6	4			
		3		2		8		
				9				
1						9	7	2

NO. 2-11

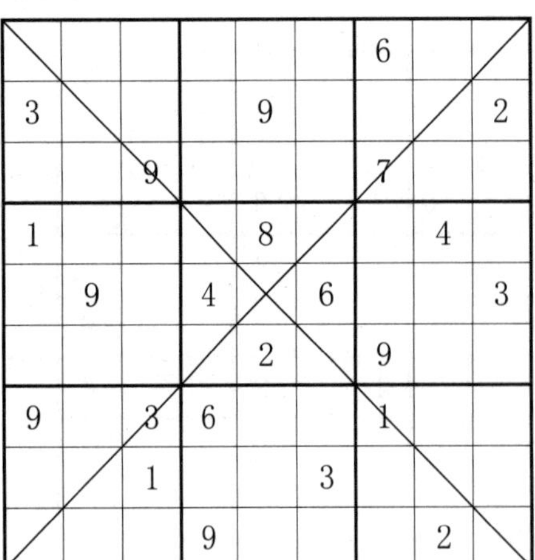

						6		
3				9				2
		9				7		
1				8			4	
	9		4		6			3
				2		9		
9		3	6			1		
		1			3			
			9				2	

NO. 2-12

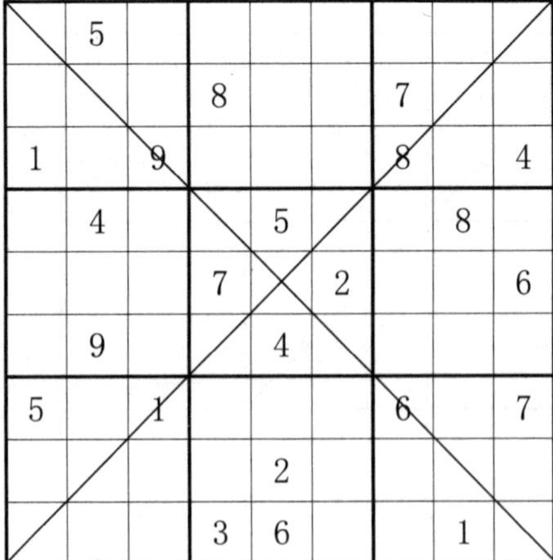

	5							
			8			7		
1		9				8		4
	4			5			8	
			7		2			6
	9			4				
5		1				6		7
				2				
			3	6			1	

NO. 2-13

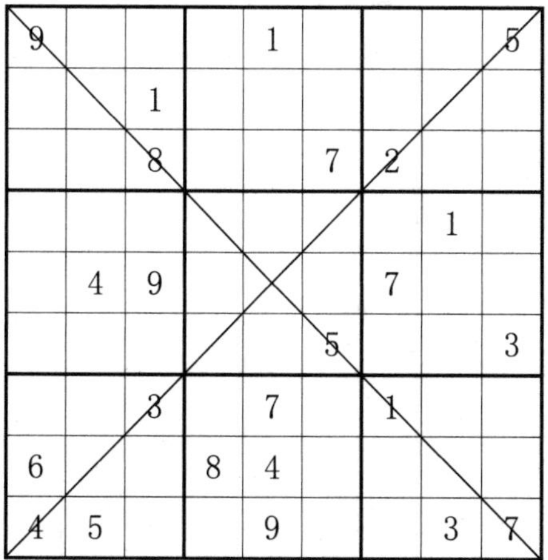

NO. 2-14

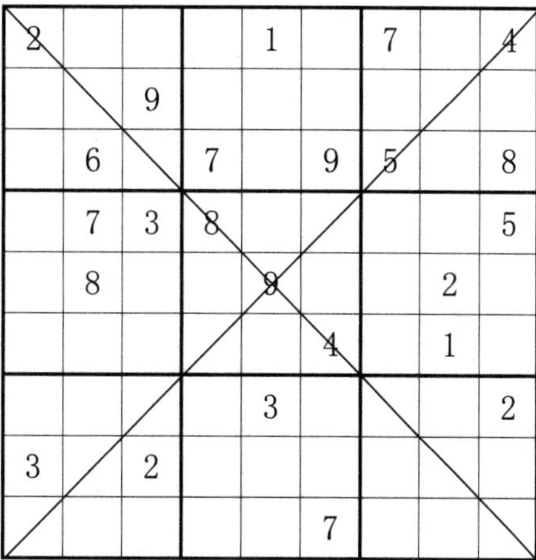

NO. 2-15

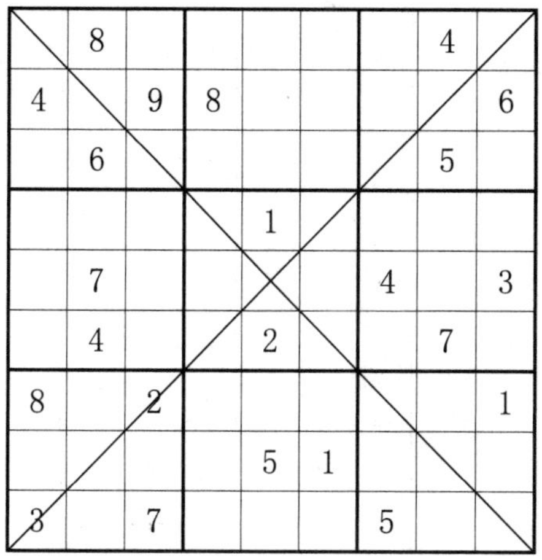

NO. 2-16

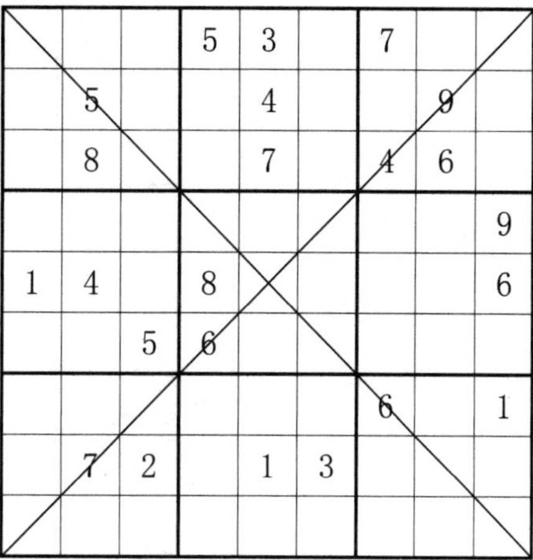

NO. 2-17

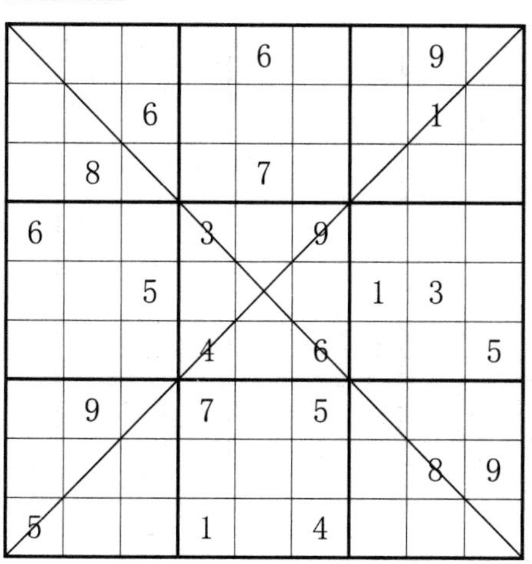

NO. 2-18

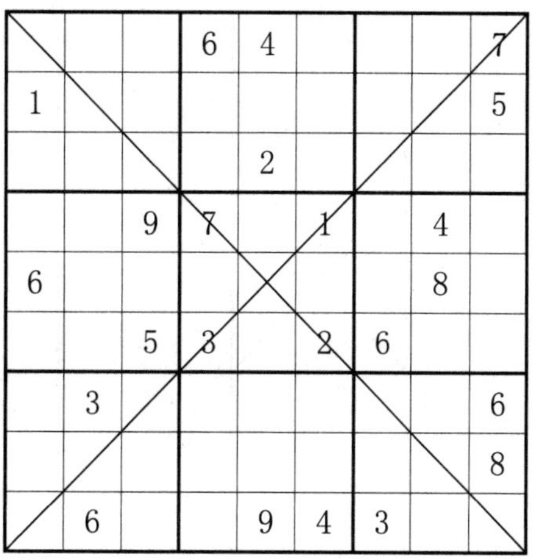

NO. 2-19

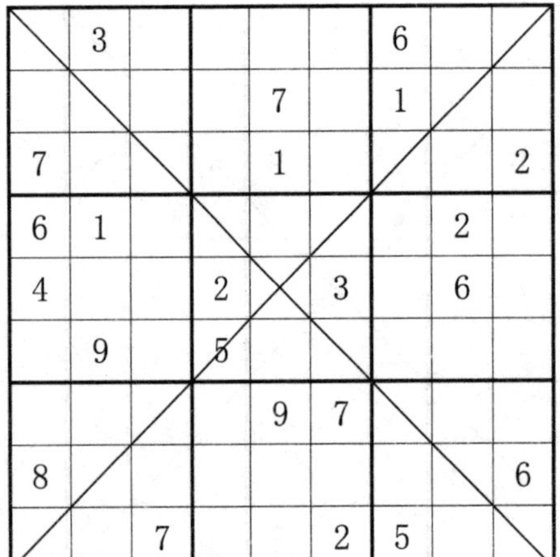

NO. 2-20

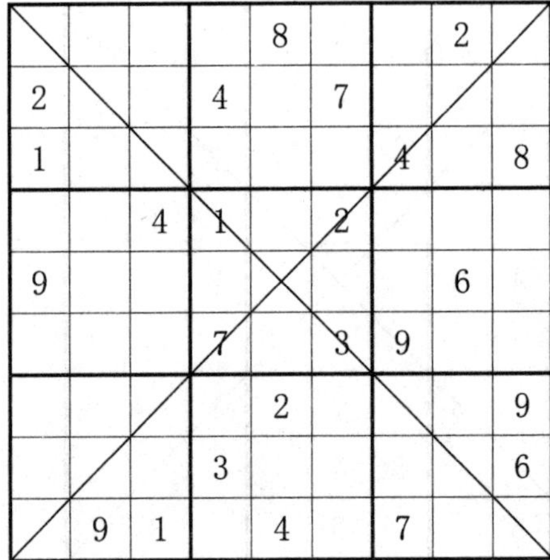

NO. 2-21

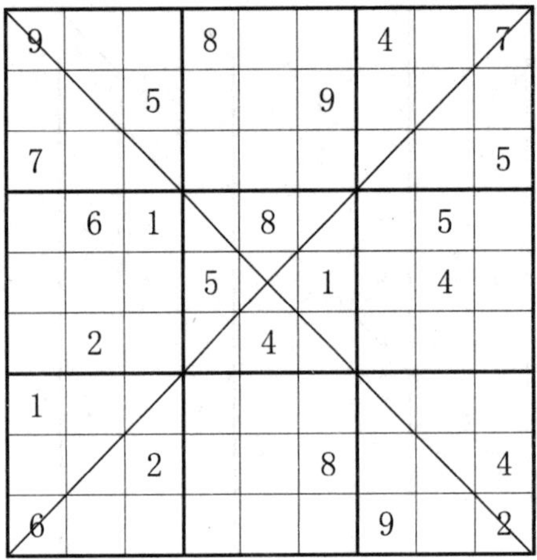

NO. 2-22

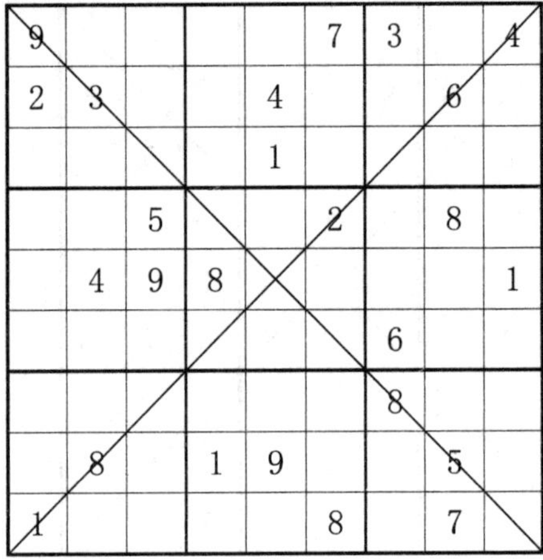

NO. 2-23

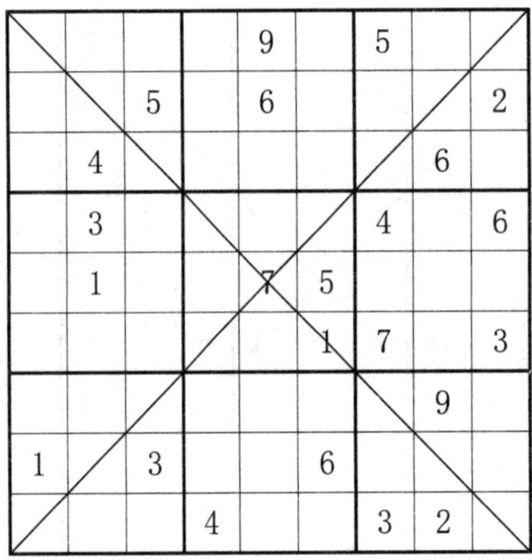

NO. 2-24

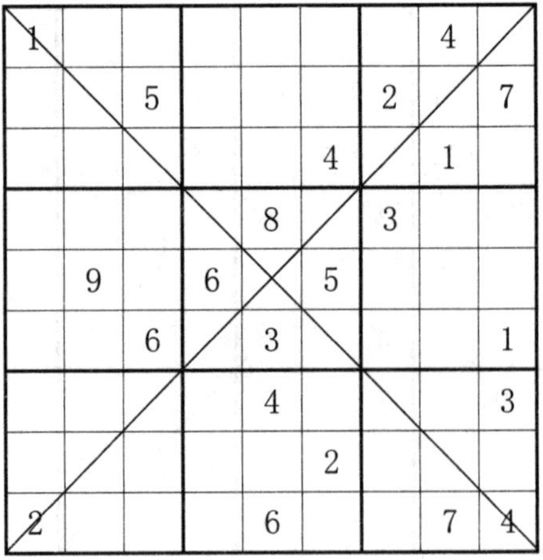

NO.2-25

1				9				5
		9						
		2			3	8		
							9	
	6	1				3		
					5			7
		7		3		9		
4			2	6				
6	5			1			7	3

NO.2-26

				2	5		7	
		7				1		
4	5		9				8	3
	9		3					6
				7		8		
	1				4			
				8				
8		1			3	4		7
				4				

NO.2-27

	2						6	
6		1	2					4
	4				8		5	
				9				
	3					6		7
	6			8			3	
2		8						
				5	9			
7		3				5		

NO.2-28

1	8					5		4
				4				
	2		5		6			
7		2					4	
	4		8					
				9				1
				6	2			
			9	1				5
3	9							6

NO.2-29

		6		4			1	
							9	
	2			3				
4			7		1			
		5				9	7	
			6		4			5
	1		3		5			
							2	1
5			9		6			

NO.2-30

			4	6				3
9								
	5					1		
		1	3		9		6	
4							2	
		5	7		8	4		
	7							4
								2
	4			1	6	7		

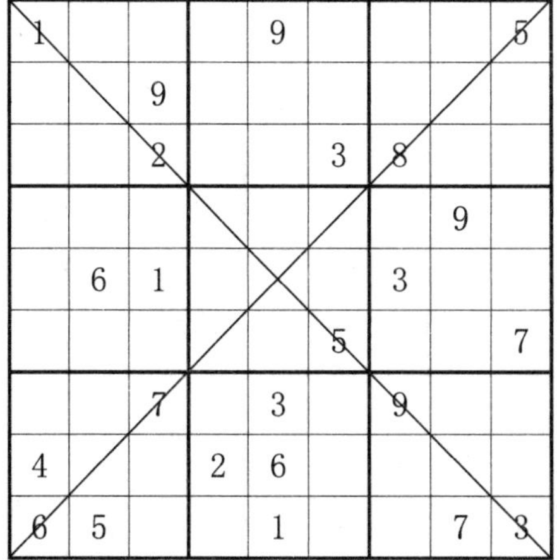

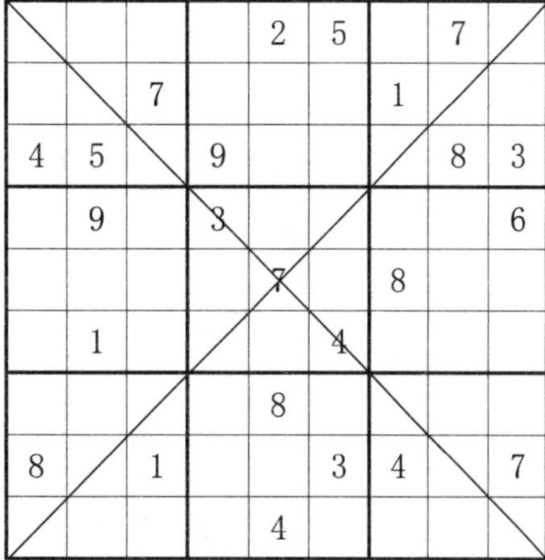

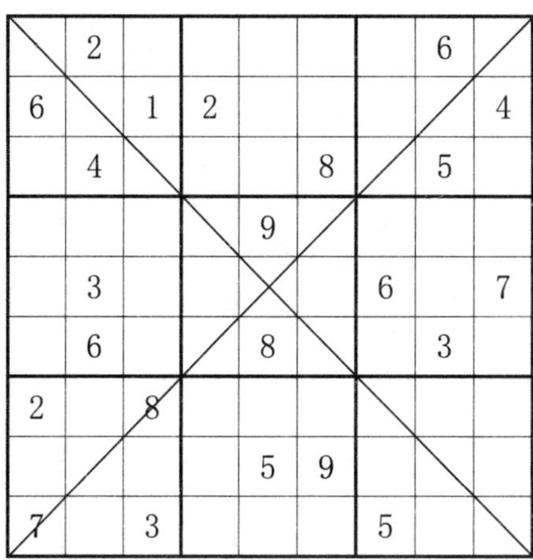

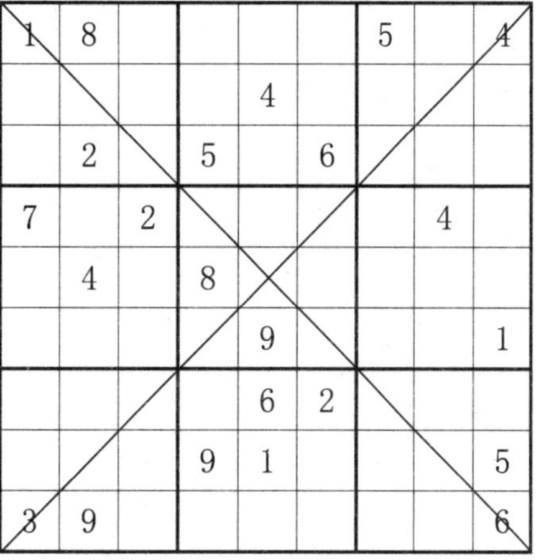

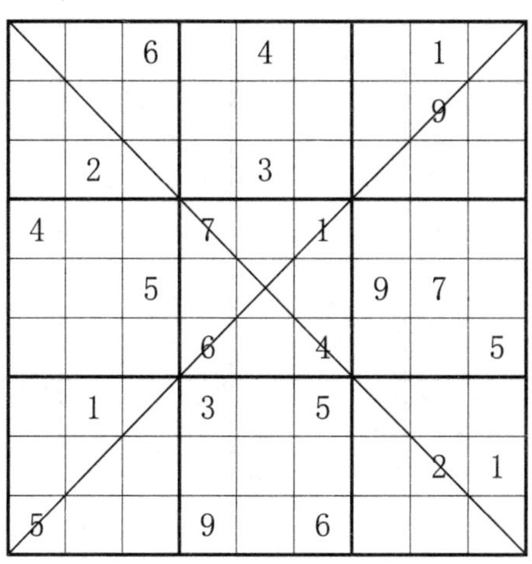

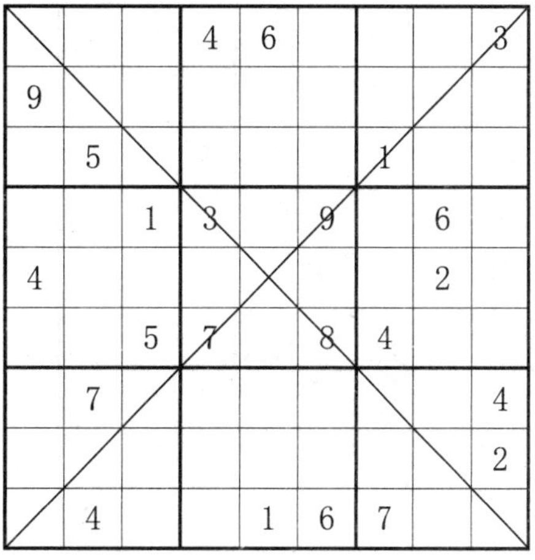

NO. 2-31

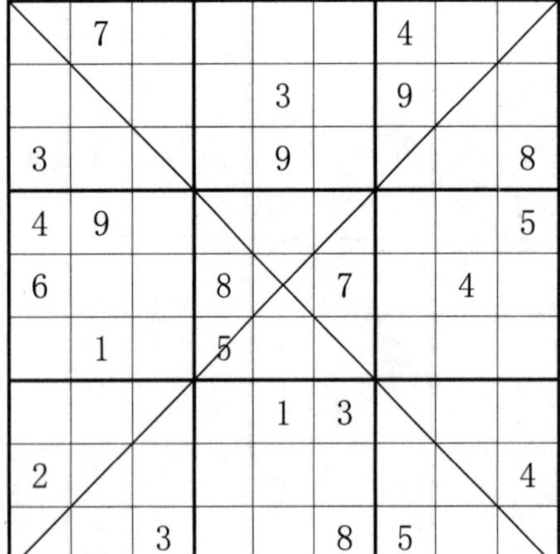

NO. 2-32

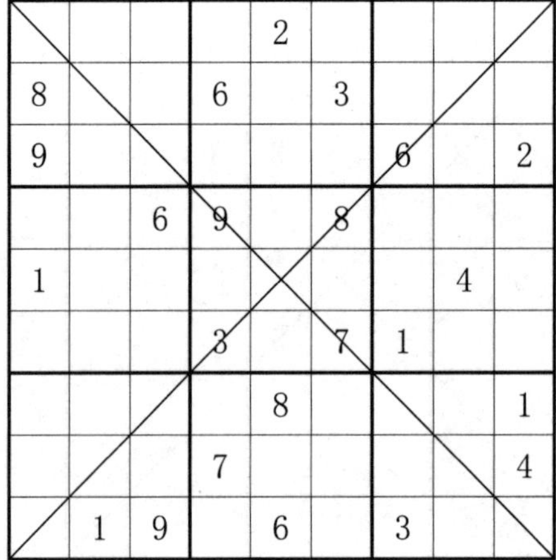

NO. 2-33

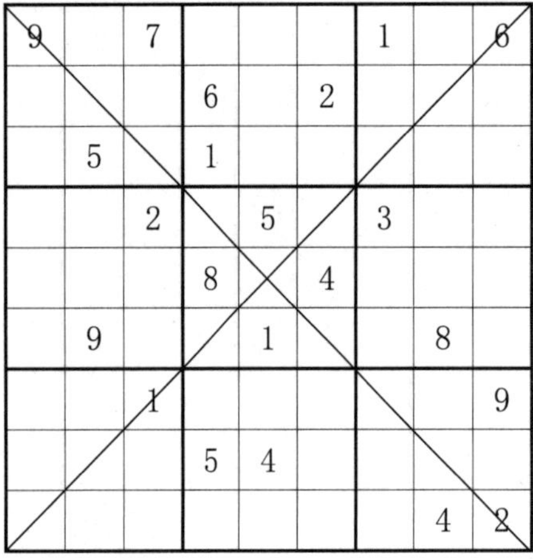

NO. 2-34

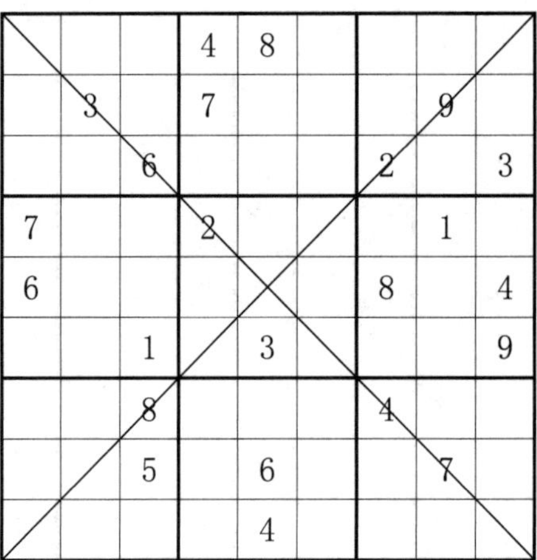

NO. 2-35

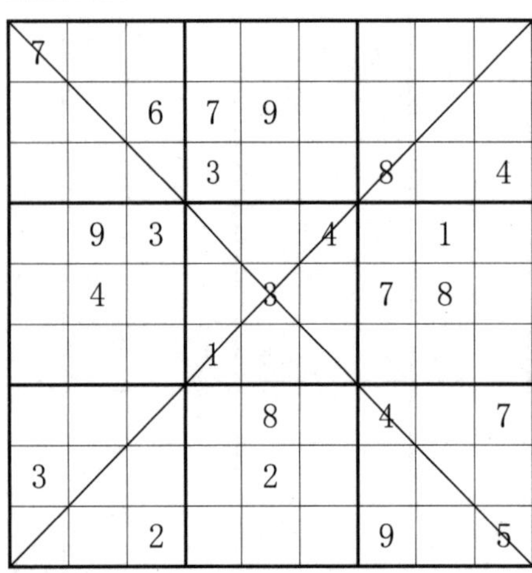

NO. 2-36

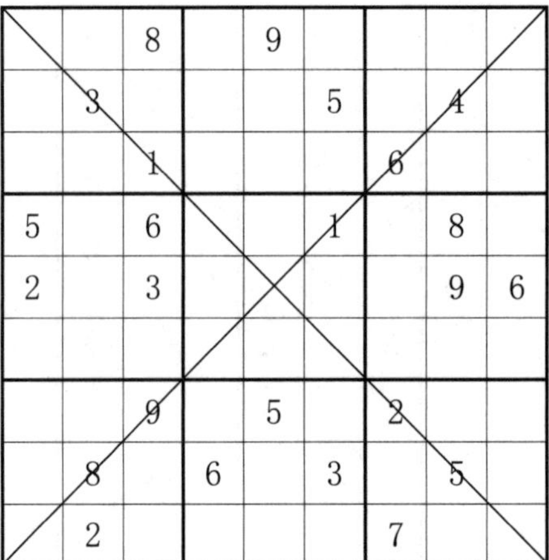

NO. 2-37

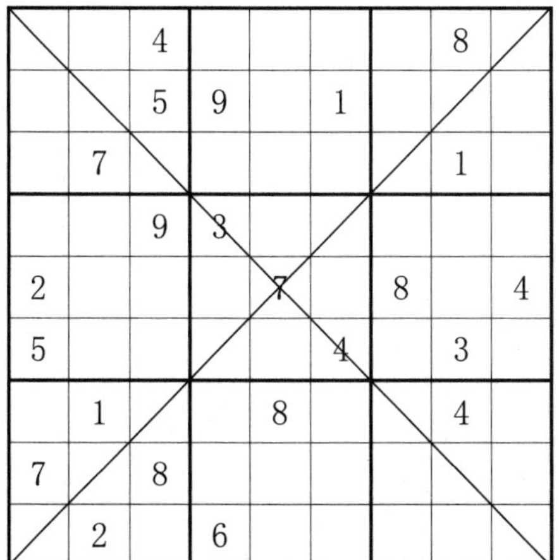

		4					8	
		5	9		1			
	7						1	
		9	3					
2				7		8		4
5					4		3	
	1			8			4	
7		8						
	2		6					

NO. 2-38

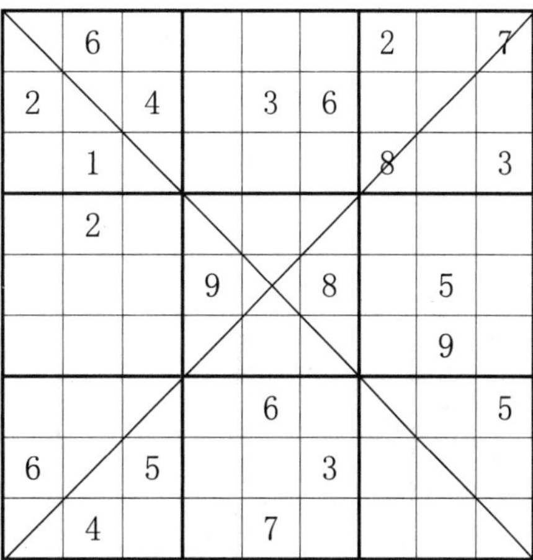

	6					2		7
2		4		3	6			
	1					8		3
	2							
			9		8		5	
							9	
				6				5
6		5			3			
	4			7				

NO. 2-39

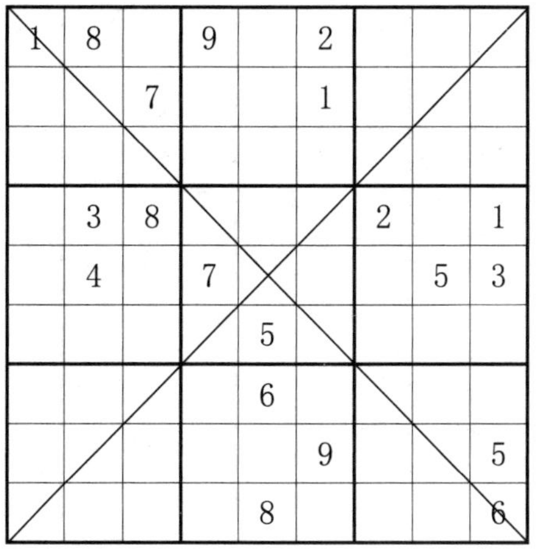

1	8		9		2			
		7			1			
	3	8				2		1
	4		7				5	3
				5				
				6				
					9			5
				8				6

NO. 2-40

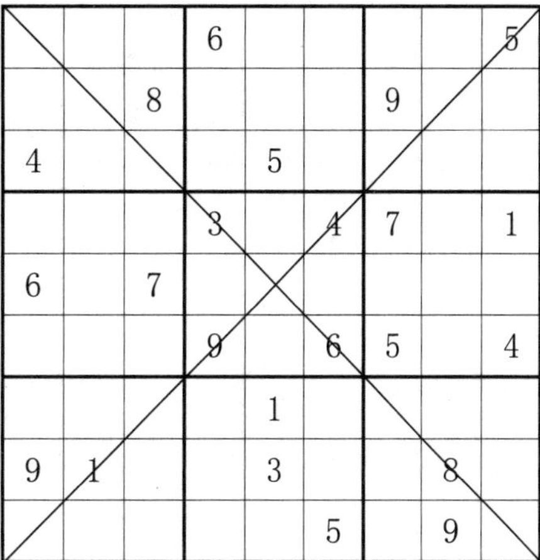

			6					5
		8				9		
4				5				
			3		4	7		1
6		7						
			9		6	5		4
				1				
9	1			3			8	
					5		9	

NO. 2-41

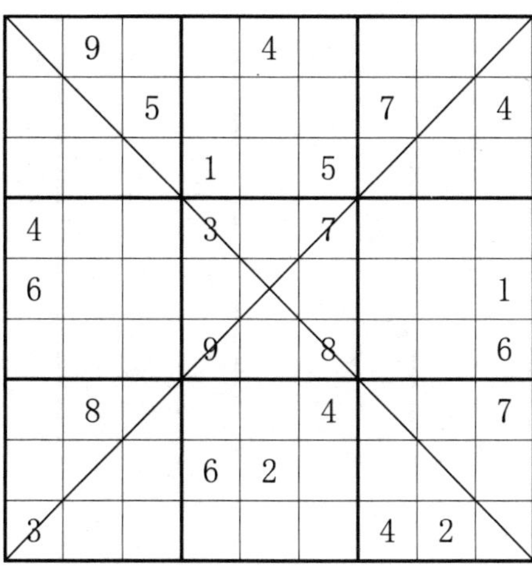

	9			4				
		5				7		4
			1		5			
4			3		7			
6								1
			9		8			6
	8				4			7
			6	2				
3						4	2	

NO. 2-42

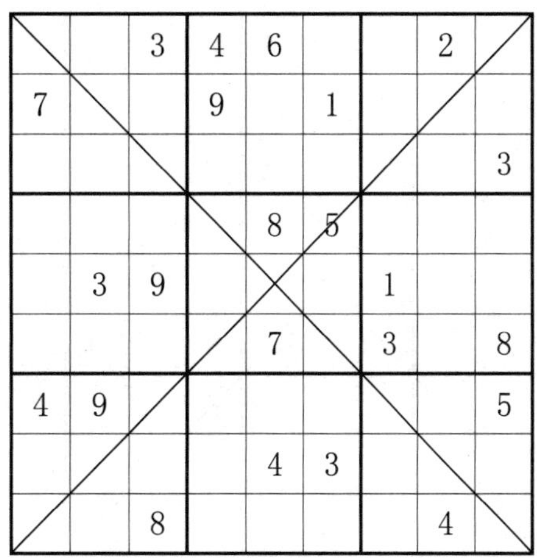

		3	4	6			2	
7			9		1			
								3
				8	5			
	3	9				1		
				7		3		8
4	9							5
				4	3			
		8					4	

NO. 2-43

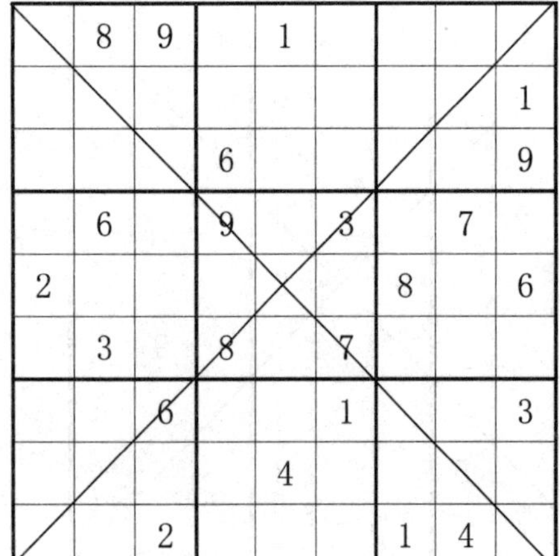

	8	9		1				
								1
			6					9
	6		9		3		7	
2						8		6
	3		8		7			
		6			1			3
				4				
		2				1	4	

NO. 2-44

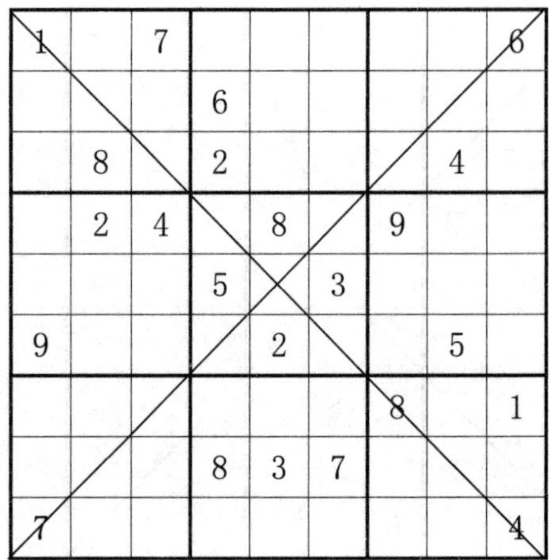

1		7						6
			6					
	8		2				4	
	2	4		8		9		
			5		3			
9				2			5	
						8		1
			8	3	7			
7								4

NO. 2-45

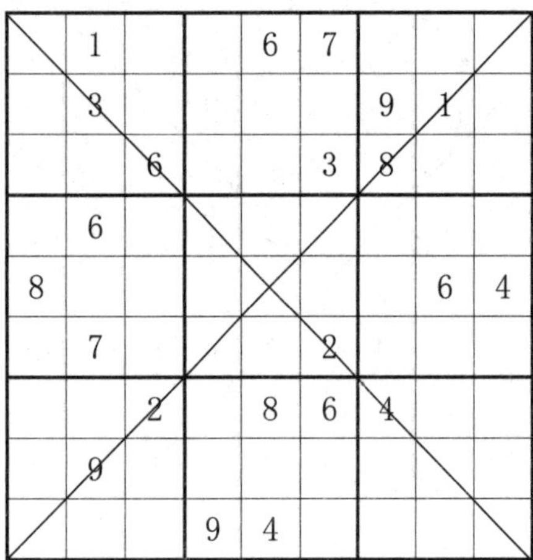

	1			6	7			
	3					9	1	
		6			3	8		
	6							
8							6	4
	7				2			
		2		8	6	4		
	9							
			9	4				

NO. 2-46

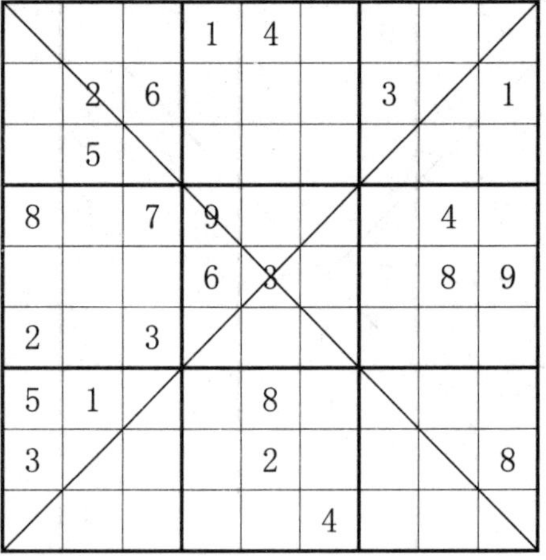

			1	4				
	2	6				3		1
	5							
8		7	9				4	
			6	8			8	9
2		3						
5	1			8				
3				2				8
					4			

NO. 2-47

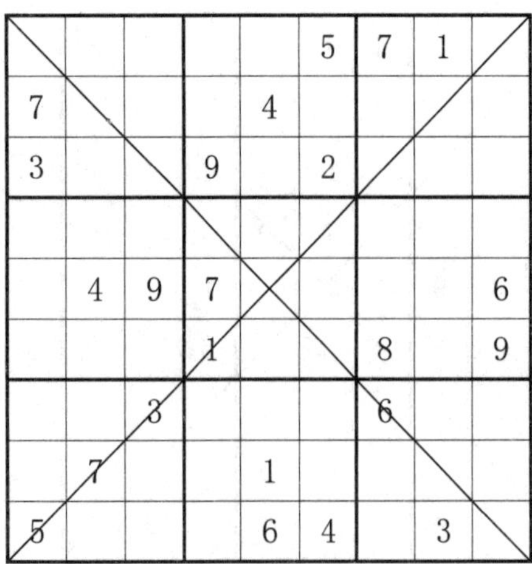

					5	7	1	
7				4				
3			9		2			
	4	9	7					6
			1			8		9
		3				6		
	7			1				
5				6	4		3	

NO. 2-48

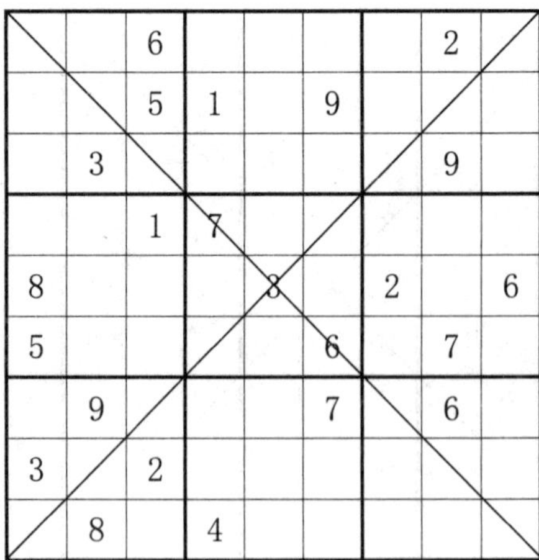

		6					2	
		5	1		9			
	3						9	
		1	7					
8				8		2		6
5					6		7	
	9				7		6	
3		2						
	8		4					

NO.2-49

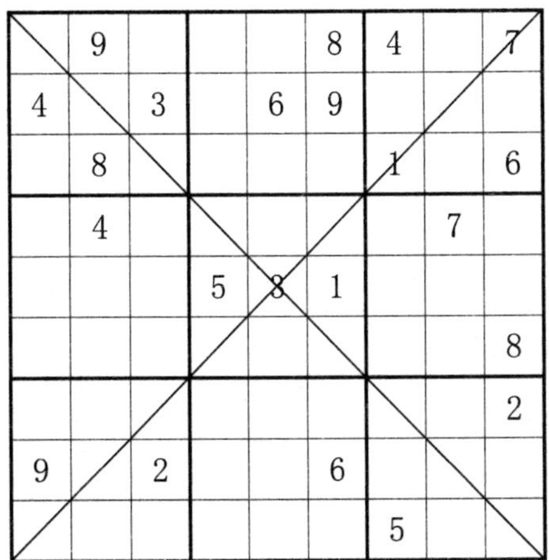

	9				8	4		7
4		3		6	9			
	8					1		6
	4						7	
			5	3	1			
								8
								2
9		2			6			
						5		

NO.2-50

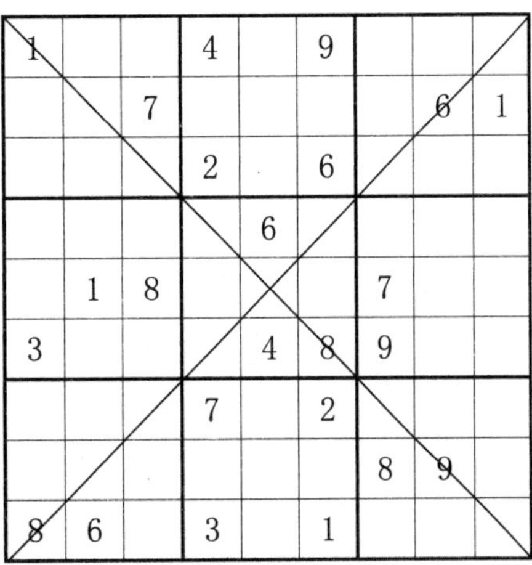

1			4		9			
		7					6	1
			2		6			
				6				
	1	8				7		
3				4	8	9		
			7		2			
						8	9	
8	6		3		1			

第三章
九字(9×9)折断对角线数独

所谓折断对角线数独，是这样的一种数独，除了两条对角线上 9 个小方格中的数字 1 ～ 9 不重复之外，还有四条折断对角线（如图 3-1 所示），即将第一宫平移至第三宫的右侧，将第九宫平移至第七宫的左侧，第三宫平移至第一宫左侧及第七宫平移至第九宫右侧而形成的 4 条对角线，这 4 条对角线上的 9 个小方格中的数字，也是 1 ～ 9 不重复。

4	9	8	6	7	5	1	2	3	4	9	8	6	7	5
7	5	6	2	3	1	9	8	4	7	5	6	2	3	1
3	1	2	8	4	9	5	6	7	3	1	2	8	4	9
			9	8	2	7	4	6	5	3	1			
			4	6	7	3	1	5	8	2	9			
			1	5	3	2	9	8	6	7	4			
2	6	7	3	1	4	8	5	9	2	6	7	3	1	4
1	4	3	5	9	8	6	7	2	1	4	3	5	9	8
9	8	5	7	2	6	4	3	1	9	8	5	7	2	6

图 3-1

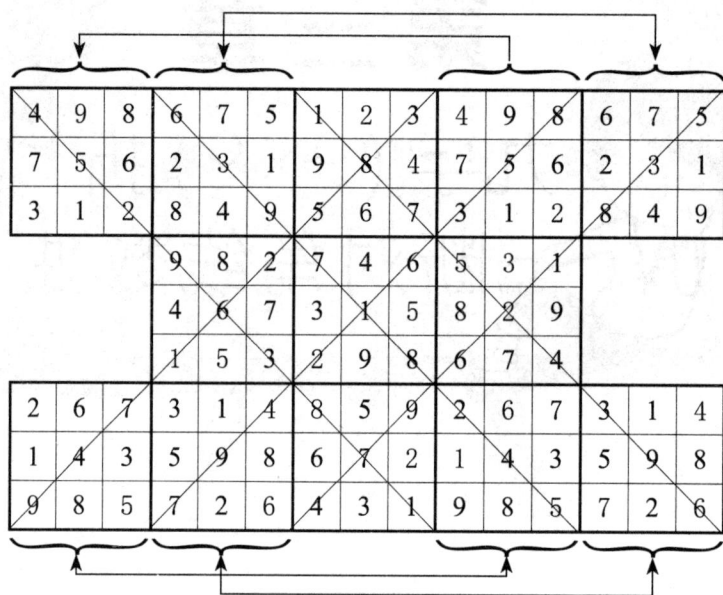

在图 3-1 中，自右向左下斜的两条折断对角线是 3-8-5-2-6-1-7-4-9 和 5-3-8-1-2-6-9-7-4；自左向右下斜的两条对角线是 4-5-2-9-6-3-8-7-1 和 1-8-7-5-2-4-3-9-6。由图可以看出，这 4 条折断对角线上 9 个小方格中的数字均是 1 ～ 9 不重复。

一、折断对角线数独规则

（1）每行 9 个小方格中的数字，1 ～ 9 不重复。

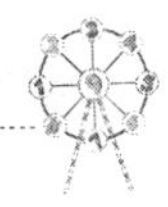

（2）每列 9 个小方格中的数字，1 ~ 9 不重复。

（3） 9 个 3×3 的九宫格中的数字，1 ~ 9 不重复。

（4）两条对角线上 9 个小方格中的数字 1 ~ 9 不重复。

（5）四条折断对角线上 9 个小方格中的数字，1 ~ 9 不重复（如图 3–1 所示）。

二、解题法

在解折断对角线数独时，必须要满足上述 5 个规则，其解法是在运用对角线数独的解题方法解题时，还要保证 4 条折断对角线上 9 个小方格中的数字中，1 ~ 9 不重复（如图 3–2 所示）。

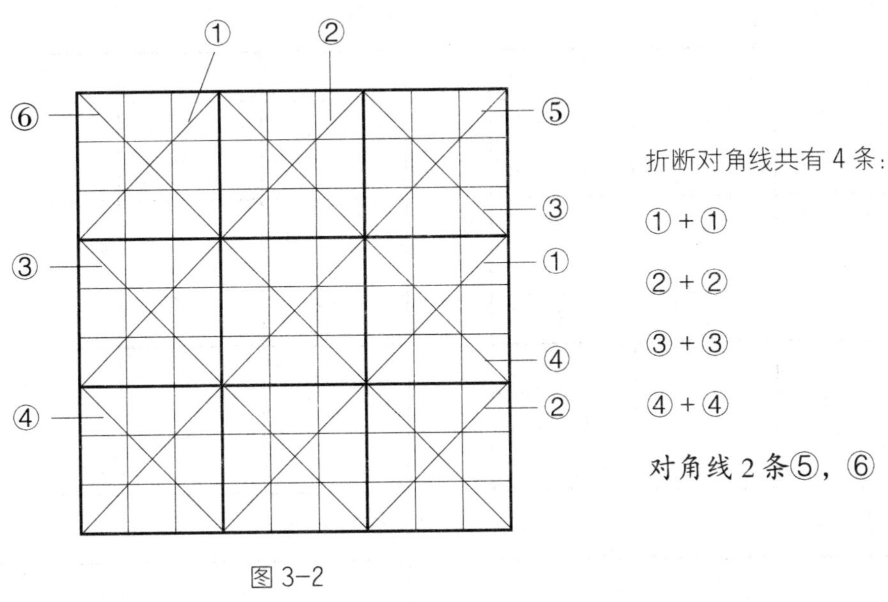

图 3–2

如图 3–2 所示，该图共有 81 个小方格，两条对角线和四条折断对角线所占的小方格数竟达到 45 个，采用常规数独的解题方法时，再结合这两组对角线的性质，将可方便于解题，具体解题方法在此不再赘述。

三、谜题（NO.3-1 ～ NO.3-50）

NO. 3-1

					7	5		
	7						2	
	5			6	1		3	
			4		9			
2	9							7
			5		3			2
	6				2		8	
3			8			6		

NO. 3-2

		4						1
	2			8	7			
							3	8
1							8	
	4			3	5			
								4
		2				6		5
					4			
	8		3		9	1		7

NO. 3-3

			1					4
8								
		9			3			8
		5		2			6	
	9		6		8			
				7			3	
				5			7	
		4	7					
3						6		5

NO. 3-4

					7		2	
	1			4				
5								1
	4			3				8
8		3			1			
	2						5	
					4			
4		7	3					
					5	6		2

NO. 3-5

	4		1					3
					2			
3						6		5
9			3					4
8			6		5			
		5		2		8	7	
	9		7		8			
				6				

NO. 3-6

		4	9			3		
			8			6		5
	3							
8	7				5		2	
				9		7		8
							6	
		3						
					1			2
6		5	3					

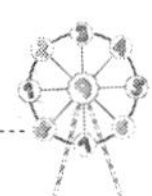

NO. 3-7

7	4			3			1	
			8		4			
	5			2				6
			2				6	
			3					
6						7		5
1	2				9			7
			5			2		

NO. 3-8

	7			4			8	
					3	7		2
9							6	
5					8			
			2				3	
6								1
		4	9					
					1	6		8
	1			8				

NO. 3-9

		1	5		4			
3								9
						6		
					7	1		
6				4				2
	7						9	
	3		6				4	
2		4						
	8				9		2	

NO. 3-10

	2				3			
						3		
6		9		7		1	5	
				8				
					4		7	
	1	7	9					
		4	6					8
				2				
		2					9	

NO. 3-11

				7	9		4	
		1			5		3	
2								
					4			
			8					9
6		8			1			3
4								1
	8							
			7				6	

NO. 3-12

3			8		5		7	
		8		4				3
	1							
			9			2		
6	7					4		
					4			
						6	5	
	3	4				8		
			2	7				1

NO. 3-13

2		8				9		
4			6	7				
							5	
6	5						1	
8				3	4			
						2		
	7		3			8		5
		3			8		4	

NO. 3-14

	5			1				
	3	9					8	
	2		9			5		
2			4			7		5
				7				
	9							
				2				
6			8					
4			7			2		9

NO. 3-15

	4	6						7
			5	7	8			1
				1				
	2	3				6		
8			9				3	
					2			
9		8			5	3		
				2				
						5		

NO. 3-16

	9						1	
2	3			6				
	7					5		
		1						
		6	5					
						8		7
			1		6			8
8					2			
		9						1

NO. 3-17

5		4		2				
			9	3	7			
						1	6	
1			8				5	
			5					
6	2					9		
					5			8
8		1				5		7

NO. 3-18

			6		3	8		
		6						9
5					4			
3				8				
							1	3
	7	9						
2			5	7	9			
						6	8	
		3		2				

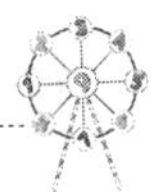

NO.3-19

	8					3		
				1	3			
		5					7	9
5	7	9				2		
			6	8				
	2						1	
6		3	8	2				
								6
		4				5		

NO.3-20

		4		5	8			
	8					2		7
			4				3	
1					7	4		
		2						
3				1				6
	3		9			5		
	1							8
			6					

NO.3-21

	1		5				8	
2								7
		4			6		3	
9		7						
			7	9			2	
	8					6		
			1		4			6
						5		
3						2		

NO.3-22

	1	2				5		4
				4		1		
	5			6				
7							6	
		4		1		3		
	8		5					
					6		7	
	6	1					8	
	2			9				

NO.3-23

	4					7		
		3			1			4
					6			9
		1			4			3
		6					8	
9			7					2
		9	1	5				
	1						3	
5			2			8	7	

NO.3-24

8					2			
		9					4	8
					6			3
2				4		3		
	5	6						2
			1		7	5		
				1				
	8						3	
6			3	5			7	

NO. 3-25

		5				9		
				7	3			
	8		4				2	7
8					4	2		
	5			2				
	4						1	
		9			7			
6			9		5			
		3				8		4

NO. 3-26

						9		1
3	6		4					
		4		5			8	
	1		7				5	
					3			6
8						4		
						2		7
9	5			7				
		6		4			1	

NO. 3-27

	1			7				2
	5			4		9		
			8		6			
				6		3		1
	3	6						
			4				7	
8			1					6
		9			2	5		
3			9				4	

NO. 3-28

			3		1			
5		3						7
			6		9			5
				6				
	8						4	
		7	4	1				
8		5	9				1	
				3				
	6				2			4

NO. 3-29

1			7		4			6
	7					4		9
		8	9		1			
9							6	
		6		3	5			
2				5				
		4					2	
5				7				3

NO. 3-30

			6		1			9
8	1							3
			5		7			8
				5				
5	4						2	
			2			4		
					3			
	3						8	
	5			4	9		7	

NO.3-31

		8				4		5
5					6			
			7		1	9		3
		6						
	8			2	3			
							7	2
9							2	
	6			7	5			
				3				6

NO.3-32

								6
	2		6		3	7		
4		8						5
	8							3
				9				
		9	5					
1				6			7	
			2		7	5		
		3		8				

NO.3-33

		3		8				
1		2					9	
					9	5		
	7		1				6	
						2		7
					3		8	
		6						
7						6		3
		5	4		8			

NO.3-34

								6
	2		6		3	7		
4		8						5
	8							3
				9				
		9	5					
1				6			7	
			2		7	5		
		3		8				

NO.3-35

2	3				5		8	
					6	3		2
							4	
		7				9		
4		5	7					6
		6	1			7		
9			2			4		5

NO.3-36

9	8			2				3
			5				1	
3	6			7			9	
			2		6			
	5			8				
			8				4	
	2		7					
4						3		5

NO. 3-37

9	5							1
				7			9	
8			2	3				
			3					
		9			6			7
		4			1			
					7			9
		1		2				4
3					8			

NO. 3-38

	9							
				7			2	
7	5			3		4		
		8				2		
					2			1
		4			7			
	6					8		
					8		5	4
9		3	5					

NO. 3-39

2					6	8		
	5				4			
	6						9	
		1			3			
4			1		5			
		7				2		6
		5						
				3	7			
	2						8	3

NO. 3-40

2			9					
		1			8	5		
7			1				6	
	9			3				
	5			6		1	4	
					4			
				4		7		9
	7	4						
							3	

NO. 3-41

3				5			9	
		7			4	8		
1								
			8		3			
	3					1	5	
	6			9				
			1		9			
6						7	4	
				2				6

NO. 3-42

			2		5	1		3
8								
		6		4				
						7		9
		3	5					
		5				4		1
5							4	
	6			2				
					3	6	9	

NO. 3-43

		2				9	6	4
								8
		9						
				1		2		
			8	7				
5				3				
		5			9			1
					4	5		
2		3						

NO. 3-44

	1	5	3			2		
					7			
					9			3
6						5		
			8			7		2
3		4				9		
8							6	
				1			8	
	9			3				

NO. 3-45

4			5			6		
8			7		2			
			9			3		4
				6		8		
	1			8				
	3							
3			2			9		5
		7			1			
		9						

NO. 3-46

		9	1		3			
	8					3	1	
4				2				
		4				9		6
5								
8			7					
	2					5		
		3	8					
	7				6			4

NO. 3-47

5				7		1		
				9				
		6				4		
					6		5	2
8		3		2				
	7					6		
6	2		9					3
					8			
			7				9	

NO. 3-48

				5			3	
	4	9					2	
	8			1				
	9	8				5		6
				6		9		
	5							
3				8				
		6		9		7		
	2					1		

NO.3-49

6		7					8	
			7					
	3		9	5		4		1
	2							
	7			3				
1							9	3
4					2			6
	8							
				1				8

NO.3-50

8			9					2
	4							7
5								
			2	4		6	8	
7						5		
	3							1
3				6				
		1		7			3	
	8						4	

第四章
“王”字数独

顾名思义“王”字有9个关节点，3横有3个起始点和3个终止点，1竖与3横有3个交点，3横1竖边接起来成为“王”字，它由9个关节点连接而成，故得此名。在“王”字数独中，有1个9格“王”，1个5格“王”和9个7格“王”。9格“王”是指每横占9格，竖1也占9格（每道数独题81个小方格中只有一个9格“王”字）。所谓9格“王”字1～9不重复，是指9个关节点所在的9个小方格中的数字1～9不重复。5格“王”是指每横占5格，竖也占5格（每道数独题81个小方格中，只有1个5格“王”），9个关节点所在的9个小方格中的数字1～9不重复。7格“王”是指每横占7格，竖也占7格（每个数独81个小方格中共有9个7格“王”），7格“王”的9个关节点，在各自所属的9个九宫格内同时向右或向下方移动1格，可得9个7格“王”。组成7格“王”的9个关节点小方格中的数字1～9不重复。“王”字数独如图4-1和图4-2所示。

3	1	8	6	⑨	5	4	2	⑦
4	2	7	3	1	8	6	9	5
6	9	5	4	2	7	3	1	8
1	8	3	9	5	6	2	7	4
②	7	4	1	⑧	3	9	5	⑥
9	5	6	2	7	4	1	8	3
8	3	1	5	6	9	7	4	2
7	4	2	8	3	1	5	6	9
⑤	6	9	7	④	2	8	3	①

图4-1　1个9格“王”

9	2	4	6	3	7	8	1	5
8	1	5	9	2	4	6	3	7
6	3	⑦	8	①	5	⑨	2	4
2	4	9	3	7	6	1	5	8
1	5	⑧	2	④	9	③	7	6
3	7	6	1	5	8	2	4	9
4	9	②	7	⑥	3	⑤	8	1
5	8	1	4	9	2	7	6	3
7	6	3	5	8	1	4	9	2

图4-2　1个5格“王”

一、“王”字数独规则

（1）每行9个小方格中的数字，1～9不重复。

（2）每列 9 个小方格中的数字，1 ~ 9 不重复。

（3）9 个 3×3 九宫格中的数字 1 ~ 9 不重复。

（4）两条对角线上 9 个小方格中的数字，1 ~ 9 不重复。

（5）四条折断对角线上 9 个小方格中的数字 1 ~ 9 不重复。

（6）1 个 9 格“王”字 9 个小方格中的数字，1 ~ 9 不重复。

（7）1 个 5 格“王”字 9 个小方格中的数字，1 ~ 9 不重复。

（8）9 个 7 格“王”字 9 个小方格中的数字，1 ~ 9 不重复（如图 4-3 ~ 图 4-5 所示）。

⑤	4	7	③	1	2	⑨	6	8
8	9	6	7	5	4	2	3	1
1	2	3	⑥	⑧	⑨	4	7	5
②	3	1	⑧	9	6	⑦	5	4
4	7	5	1	2	3	6	8	9
9	6	8	5	4	7	3	1	2
⑥	8	9	④	7	5	①	2	3
3	1	2	9	6	8	5	4	7
7	5	4	2	3	1	8	9	6

图 4-3　7 格“王”之一

7	⑧	5	9	②	1	3	⑥	4
4	3	6	5	7	8	1	9	2
2	1	9	6	4	3	8	5	7
1	⑨	2	4	③	6	5	⑦	8
8	5	7	2	1	9	6	4	3
3	6	4	7	8	5	9	2	1
6	④	3	8	⑤	7	2	①	9
9	2	1	3	6	4	7	8	5
5	7	8	1	9	2	4	3	6

图 4-4　7 格“王”之二

6	7	2	1	5	3	8	9	4
5	3	1	9	4	8	7	2	6
4	8	⑨	2	6	⑦	3	1	⑤
3	4	8	7	2	9	5	6	1
2	9	7	6	1	5	4	8	3
1	5	⑥	8	3	④	9	7	②
9	1	5	4	8	6	2	3	7
8	6	4	3	7	2	1	5	9
7	2	③	5	9	①	6	4	⑧

图 4-5　7 格“王”之三

二、解题方法

解这类的数独题非常容易，它给出的条件（性质）越多，解题就越容易，关键在于如何熟练地掌握这些性质和灵活运用这些解题方法的技巧。具体解题方法在此就不再赘述。

三、谜题（NO.4-1 ~ NO.4-50）

NO. 4-1

4				9				
		8				5		
			3			1		
				6			4	
	7						9	
	3			1		7		
				3				
	4						6	
5					8		2	

NO. 4-2

8					7			
7						4		9
		2						
	2			5	9			3
	4					6	1	
		5		1				
	6						3	7
				2				

NO. 4-3

4		7	5			2		9
6			8			1		
				8				
	5						3	
				1		5		
			6					
3	9						4	
			4		7			

NO. 4-4

4		6			2			
						2		9
		3						
2				8	9			5
	6						7	
		8			4			
	1						5	6
		9		3				

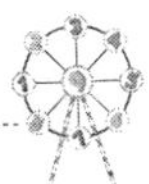

NO. 4-5

5								
		2				7		
			8			1	2	
9			6			8		
4	5						3	
					2			
				8			5	
	9						4	
	3			1			7	

NO. 4-6

		4			1			
		9	2			8		
7							9	
2			8	5		4		
	3						6	
		1						
		5		4				
	2					9	5	
				1				

NO. 4-7

		8				9		
				5				
5				3			4	
			5				2	6
8				6	7			1
		2				3		
				9				
	1						7	
				2				

NO. 4-8

5								
	4			6	8		5	7
	3							
		7				1		
8				3			2	
4	9							
	2							5
				9				
		8				2		

NO. 4-9

		8			2			
			3	5				
		3						9
2				7				
		4		6		5		
						3		
				8			2	
	1	5					7	
			7			1		

NO. 4-10

	7				8			
	8	5	1				4	
							5	
		2		4		9		
4				7				1
		8						
	3						6	
				5				
		6				1		

NO. 4-11

	9							1
				3			5	
2			4					
			1					9
	6	5				4		
				9				
3	2							6
	5		8		2			4

NO. 4-12

		4		2				
		7		3				
						8		2
8			5					
				7				8
	4		2			6		
		9		4				
	1					7	9	
				6				

NO. 4-13

		4		3			5	
				1				
	2							8
2								
		6		9				
			1			6		4
5		8						
	3		6		4		7	
						2		

NO. 4-14

6					1			
	1			9			5	
		8					2	
		7						
				2	5			8
		1						3
							6	
				4	7			
4		6				8		

NO. 4-15

		2					1	
4				5	8			
							2	7
		6						
				9	7			
		4				3		9
	6			1			8	
	3		9				5	

NO. 4-16

			4					
3		4				2		
						1		
			9	5			8	
	6						7	
2				1				
6			2		8			
	8						3	6
					9			

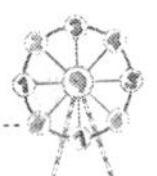

NO.4-17

				8	9			
	7					2	3	
	4							
4				7				8
	2						4	
				6				
8			6			1		
						5		9
2				3				

NO.4-18

1				8				7
			9	7				1
		9				5		
	7			3				
	9			2			4	
		8				3	5	
				6				
6								4

NO.4-19

			3	5				8
	6							
					4	6		
	8				7	1		
9	7				1			
			5					9
							7	
1				4			9	
			9					

NO.4-20

		4		6			8	
	7	3					4	
				9				
			1					
	8			2			5	
		9			3			4
		6			9			
		2				1		
				8				

NO.4-21

				9			8	
	5						6	
		6		2				
	2						3	
		1	4	8		6	7	
9					4			
						4		1
		7	1					

NO.4-22

								9
4				9			7	
		2	7					
				1				6
	5					3		
		8			3			
						4	5	
	2				4			
3		5	1					

NO. 4-23

					7			
	5			8			2	
	1				5			8
					9			3
9							1	
		7		6				
			6					
			5				3	7
4	8							

NO. 4-24

5			2			4		
			9					5
6						1		
9		3						7
			1		8			
							6	
				8				
	9		5		3			
				1			7	

NO. 4-25

	9			5		8	1	
			2		9			
	2			7				
						6		9
		4			3			
3							5	
1						5		4
				1				
7								

NO. 4-26

1								6
				1				
		4		6		5		
	4						1	
2		1					6	7
	5				9			
		7				2		
				2				
9								8

NO. 4-27

	1							
	8		5				9	2
7			9					
	4			6			8	
				1			3	
	9		3					
	7							
				4			6	
		2				5		

NO. 4-28

5							7	3
6		1	3					
					8			
		7					5	1
4	9			6				
					5			
	7	3		4				6
							8	

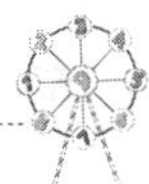

NO. 4-29

	7							3
	5		3	4		2		
8								
				5	7			9
						8	3	
		1						
			8					
		3					9	
2			1				5	

NO. 4-30

				7				8
	4			8	5		3	2
	5							
9					2			
		1					7	
					8			
	6			3				
							5	4
1					6			

NO. 4-31

			7					
		7		4	2			9
		3				6		
			4					
	3		9		8	7	2	
1	8							
		8				5		
				7				
	5							

NO. 4-32

4		9			3			
				1		9		
	6							7
6								
5				3				1
						4		
		7						
	8				9		5	3
		5			8			

NO. 4-33

		2					5	6
	7	1						
					8			
5						2		
	3				2			
8			4				6	
	6							1
			3	1			9	
	4							

NO. 4-34

		9		1				
	5						7	
			8			6		
		1				9		
6				4	5			
							1	
3			7	8				
		6		5		2		8

NO. 4-35

6				3				2
	8						6	
				4				
2			4			9		
						5		1
8				7				
				2	1			
	3					8	7	
	6							

NO. 4-36

4			8		2			
	2						7	4
			6					
7		6	4			8		
						9		
			1	5				
	4					6	3	
	7			9				

NO. 4-37

		5				8		
			9	4				
				3				2
				8				1
			6		5			
		6		9		3		
	9	4					8	
					1			

NO. 4-38

				2			8	1
	9			6				
		3						
			1					
5	7			4				9
	2						5	
			8	7				
3		4			1	6		

NO. 4-39

8	1			9			5	
						2		9
				2			7	
6		9						
					4			3
	5		3					
5		4	1					
			8				1	

NO. 4-40

		7	9					
						1		8
	6		7					
							8	
				9		5		3
	7						1	
4			5			2		
		5				9		
1			6					

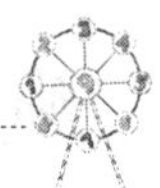

NO. 4-41

8							7	1
	3		5	4				2
9	4					5		
	5			9				
							2	
6								8
			8		1	3		
		2						

NO. 4-42

2			1			4		
	7		6	5				
								8
	5						2	
	6			1				
							9	
			5					
3					8			6
9	8					2		

NO. 4-43

			6		4			8
8		1						
					7		3	
		5					2	1
	3			4				
				3			4	
6	5			9		2		
							7	

NO. 4-44

		3		4			2	
	7			5				
5							9	
						4		
	6			1				
			8			6		3
		4						
8					3			7
9						2		

NO. 4-45

						2	3	
4	8		7		6			9
	2	9					8	
				1			4	
					7			
						9		
		1	5	3			6	
7	5			8				

NO. 4-46

	6							
	2		8					5
			1					
	3						5	
				9			7	2
	4				3			
8					5	1		
7				6			4	
	1							

NO. 4-47

						4		1
		6			7			
7							5	
9						5		6
		8		9				
	1			5		2	9	
			8		1			
	8			3				

NO. 4-48

	2				8			
5		7					1	
	9			3				
8			6			5		
1					5			
						4		
					3	1		

NO. 4-49

					1			7
1							9	
		3		4				
			4					
			5				7	3
6	2							
					3			
	5	7		2		6		
					5			2

NO. 4-50

		6		9			2	4
	5							8
					7			
						6	5	
	8				6			
7		5	9					
	4							
				1			3	
		8	3					

第五章

中心对称
互补数独

所谓中心对称互补数独是指以数独的中央格为对称点（5，5）所引的各条直线上对称的两格中的数字互补，即互补的两个数之和为10，除此之外，数独的两条对角线和四条折断对角线上9个小方格中的数字，1 ~ 9不重复。

一、中心对称互补数独规则

（1）每行9个小方格中的数字，1 ~ 9不重复。

（2）每列9个小方格中的数字，1 ~ 9不重复。

（3）9个3×3九宫格中的数字，1 ~ 9不重复。

（4）两条对角线上9个小方格中的数字，1 ~ 9不重复。

（5）四条折断对角线上9个小方格中的数字，1 ~ 9不重复。

（6）中心对称互补（如图5-1所示），即当中央格为5时，经过中央格引各条直线，直线上以中央格为对称点的两个小方格中的数字之和为10。

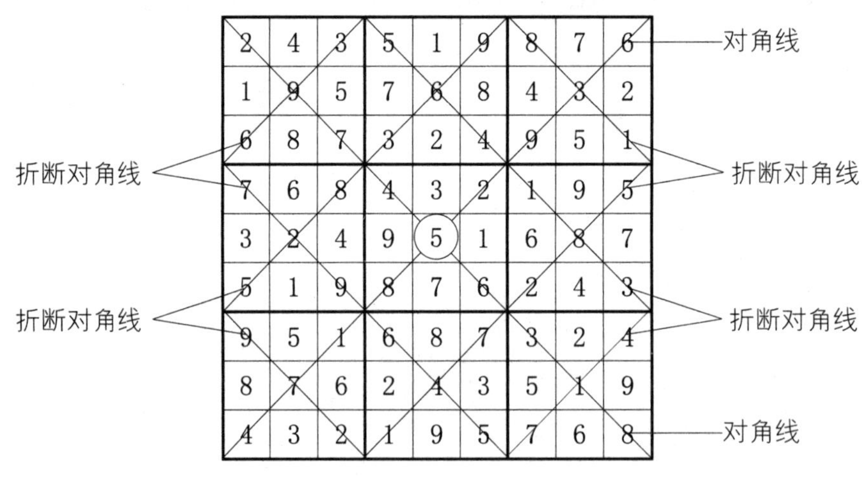

图5-1

二、解题方法

解中心对称互补数独必须满足上述6个性质。由于这类数独给出的已知数较少，

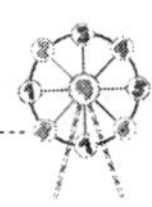

因此，在解题时应先运用对称互补的性质求出相对应的数字，然后运用常规数独，对角线数独，折断对角线数独各个性质进行灵活交叉解题。

如图 5-2 所示，图中已给出数字 1、4、2、8、6、5、9、4、9、7、9、5 这 12 个数字，根据中心对称互补数独的性质，当中央格（5，5）为 5 时，经过中央格引各条直线，直线上以中央格为对称点的两个小方格中的数字分别为 9、6、8、2、4、5、1、6、1、3、1、5。

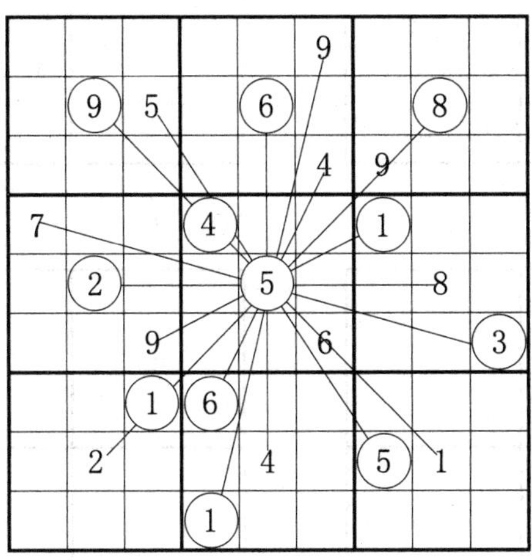

图 5-2

三、谜题（NO.5-1 ～ NO.5-50）

NO.5-1

					9			
						9		
		2		○	6		7	
					3		6	
8				3				
				8		2		
7							1	

NO.5-2

	9							
		6			3		2	
				8	5			9
				3				
				○				
							4	
		3				9		
				6				
6								2

NO. 5-3

		8						
					2	9		
		3		○	8			
				7			6	1
				2				
			9	6				
						2	4	

NO. 5-4

					2			6
		9						8
9								
	3			○	6	8		
							4	
			6					
			3			5		
						9		2

NO. 5-5

2								
					9			
						9		2
					2			
				○	6			
	2			7			6	
8								
	3			8				
			2				1	

NO. 5-6

	4						8	
			8	9				
						6		
	9			○		7		
			1				3	
				3				
3								1

NO. 5-7

			2					
		2		1		6		
		9	3					
				○		7	9	
	4							
								3
3								9

NO. 5-8

		8						
	9							2
						9		
9					3			
				○	8		7	
							6	1
							9	
	2		9	6				

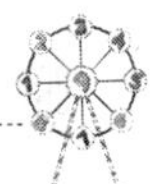

NO.5-9

								1
1				7				
				○			4	
4	7							
	2				6			9
	5	1						

NO.5-10

			1					
							8	
2								
							1	
		8		○			4	
	9		7	2				
9		1						8
				3	4		9	
	8				9			2

NO.5-11

	7							9
	3							
9				3				
				○	6			
			8				4	
2							1	
6			3			8		
			5			9		2

NO.5-12

	2				9			7
						2		
				6	1			4
	8			○				6
					8		7	3
	6			9		7		
								9

NO.5-13

2			1				4	
9								
					2		7	5
	2	9	7	○				
				4				
7								1
					6			
1								8

NO.5-14

			8					
3				2				
1				4				
		3				1		
	7		4	○		9		2
				1				
7		8				3		
					3			
	3							1

NO.5-15

			1					
				7			1	
9		1						4
						4	7	
7				○				
				4				
				2			5	1
1					6			
4								8

NO.5-16

8				4				
	1	3		9		2		
								3
			2	○		4	1	
	8							
2								6
	7				3			
		9		2				1

NO.5-17

				9				2
9	2					5		3
4						7		9
	8		7			4		
				○		6		
				4				8
	4				8			
				3				
	9						5	

NO.5-18

			5		8			6
				2				5
1	5							
							3	
2			7	○				
		6	8					
							5	
5			9		6			
	9						6	3

NO.5-19

				1				8
	3		2					
1			8			2	4	7
		4		○				
				7				
6		3						1
				6				
					5		3	6

NO.5-20

		9	5	4			6	
					7	2		
2				8	6			5
	6			○	9			
							7	
9	1			7			8	
7								9

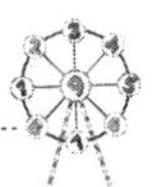

NO. 5-21

			9			4		
	7							
				6		7		
	8		2					
9				○	3		4	
								5
			8	4	5			
		8						7
2						9		4

NO. 5-22

						1	5	
9			6					
		1			6			4
				○	9		6	
	3				7			
		7						
3		6	2	7			9	
1				6				2

NO. 5-23

	1	6		8				9
8			2					
							5	8
			1					
3				○	6			
				7				3
		3				8		1
	4							
	8				5	4		

NO. 5-24

		9		8	7		5	
		5						1
				3	2		1	
	8			○				
2						6	4	5
			7					4
4								7

NO. 5-25

				7				9
9							6	
4						7		3
	8		9					
2				○	3			
				4				5
						2		
			5			9		4

NO. 5-26

						1	5	
		8		2				
2								4
9					4			
			7	○		8		
	3							
					7		9	
			9					
8					2		6	3

NO. 5-27

	1	6			5			2
	8		2					1
					4			8
			3					
1				○	6		7	
		3		4				
								5
8		1						

NO. 5-28

	3		4					
						9		
		4				3		
1								3
				○	4			
7	8			3	1	4		
								4
			7					
9				4				8

NO. 5-29

1								
		3			2		4	
			7	3				
						8		4
	8			○				6
								3
						6		
				9	4		3	
3	5		1					

NO. 5-30

			9			2		
7							9	
1								
		1					3	
				○				
				6				
4		7	3		6	1		
9			2	7			6	
6				9				2

NO. 5-31

9		1						
		6			4	1		
							8	
	8					5		9
				○			6	8
				7				
		4						
				8	7		3	
7							5	

NO. 5-32

								6
9		3			2			5
		1						7
				○	7		6	9
	3				6			
	1	7						
		6						
			1					2

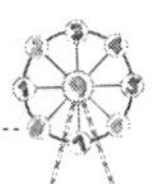

NO. 5-33

9								
		2						6
		4						8
						7	8	
6	7		2	○				
				1			6	
								7
7	9		5					

NO. 5-34

2		4						3
9	1			3				2
					7			9
				○		3		4
4	9					2		
				7				
							3	

NO. 5-35

					1			
	1			6			2	
				7				9
8						9	1	5
	7	6		○				
						7		
			9	5				
4				1	6	8		3

NO. 5-36

8						2		
				9			7	
7								
								8
				○	3		2	
	1		8	4				
		1						
5					4			9
4								

NO. 5-37

1					3			
					2		3	
							6	
	3			8				
	6			○				8
8								
9						3	5	
				9	4	1		6
							8	

NO. 5-38

8			9		3			1
	3				2			
1								
	9						3	
				○	7			6
5				6	9			
					6			
2								
	4							

NO. 5-39

1			4				8	6
		3			1			4
	8			○	9			3
		5						
								2
3			2		4			5

NO. 5-40

8	1			9		6		4
		6			1			
								8
4					8			
3				○				
7					9			
	7	8					6	
					7			

NO. 5-41

2		4	9	1				
								7
			7		2			
5						4	9	
	4			○				3
			3		4	2		
		5		7				4
4							3	

NO. 5-42

2					1			
	1	5		3				2
			5			1		
	3							
			1	○			8	
4				6	3			
						4		
		3	2					1
7								

NO. 5-43

2			9				4	
				3			2	
			1				9	
				○	7			
								3
4								
				4				

NO. 5-44

2								4
					2			
	4	7				1		
				○			8	
				6				
4			1					
5		3						1
				3				

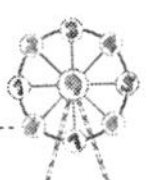

NO. 5-45

8						9	7	6
	1		7	6				
6								
1					7			
9		4		○			3	
					6			
	5		6		8			
			1					7

NO. 5-46

8					2	6	5	
		6		8				9
		3					7	
4						9		
		2		○	4			7
	8							
		9						
				2				
6							9	

NO. 5-47

8	1				6			
	9				1			5
6								8
4					2			
		8		○			3	
		3				5		
				7	8	6		
								7
7				6				

NO. 5-48

2				1	5			
		1					2	7
						1		
5						4		
	4			○			6	3
	1			8				
					3	7		
		5	2					4
4					1			

NO. 5-49

8						6		
	3				9		4	
9					8			3
1			9					
		7		○				6
				3			4	
	5					4		1
6		8	1					
					7			

NO. 5-50

2							4	7
					2			
		4				1		
	3							
	4			○			6	
	1			8				3
			5		3			
1							3	
			2		1			

第六章

九字(9×9)异形数独

九宫阵异形数独，它里面的宫不是或大部分不是正方形的，它宫里面的格子不是或大部分不是 3×3 的正方形，而是呈不规则形状。但是，这些不规则的形状都是由 9 个格子相连而组成。

其中，有的可能是凸多边形，也可能是凹多边形，还有的呈各种形状。尽管形状不同，但是异形数独与常规数独一样，具有相同的性质。

一、异形数独规则

（1）每行 9 个小方格中的数字 1 ~ 9 不重复。

（2）每列 9 个小方格中的数字 1 ~ 9 不重复。

（3）9 个形状不规则的宫内 9 个小方格中的数字，1 ~ 9 不重复。

二、解题方法

解异形数独的方法与解常规数独的方法大同小异，不同之处是要特别注意那些犬牙交错的格子，这些犬牙交错的格子往往成了解题的关键所在。

图 6–1 是 1 个有特色的异形数独的例子。在九宫阵中保留有 4 个 3×3 的正方形宫，中间是十字形异形宫。整个异形数独呈中心对称状态，看起来十分巧妙而有趣味。

对于这样一个数独而言，由于中心十字形宫已知数最多，有 3、5、7、8、9 这 5 个数字，解题时，可先从这里开始，如图 6–2 所示。

第一步，在中心十字形宫中已有 3、5、7、8、9 共 5 个数，尚缺 2、4、6、1 这 4 个数。考虑到第五行中已有 2、4 这两个数，所以（5，3）格、（5，7）格的允许数为 6、1，（3，5）格、（7，5）格的允许数为 2、4。

第二步，再看第五列，我们可以把（3，5）格、（7，5）格看成一体，就不定格的 2、4，这样，第五列的（2，5）格、（8，5）格的允许数就是 6、8。但因为第

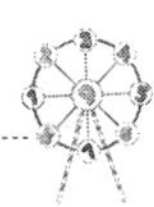

八行已有 8，所以得（8，5）格中的数为 6，从而得到（2，5）格中的数为 8。

第三步，接下来再看第五行，该行已有数 2、8、9、5、4 这 5 个数，加上（5，3）格、（5，7）格的不定格在同一行内，又可化成定格 6、1，这样（5，2）格、（5，8）格的允许数就是 3、7。

第四步，现在再用目的数标注法，从第二行、第三行的 3 向第三宫引标线，得到（1，8）格中的数为 3。由于这个 3 在第八列中，从这个 3 沿第八列引标线到第五行，得到（5，8）格中的数不能是 3，而应该是 7，从而得到（5，2）格中的数为 3。

		7		5		4		1
			3					
4	9	3				5	6	
				7				
2			8	9	5			4
				3	1	6		
	8	5				7	1	
					8			
7		4		1		9		

图 6-1

		7		5		4	3	1
			③	⑥8				
4	9	③		24		5	6	
				7				
2	3⑦	61	8	9	5	61	③7	4
				3	1	6		
	8	5		24		7	1	
				6⑧	8			
7		4		1		9		

图 6-2

第五步，看（5，3）格、（5，7）格，由于第七列有 6，所以（5，7）格中的数字应是 1，同理，再看第五列的（3，5）格、（7，5）格的不定格在同一列内，又可化成定格 2、4，由于第三行中有 4，所以（3，5）格中的数字应是 2，则（7，5）格中的数字应是 4，如图 6–3 所示。

第六步，用目的线标注法，从第七列、第九列、第九行向第九宫引标线，得到（8，8）格中数应是 4，如图 6–3 所示。

第七步，看第七列，该列中已有 4、5、1、6、7、9 这 6 个数字，尚缺 2、3、8 这 3 个数字，由于第二行中已有数字 3、8，则（2，7）格中的数字应是 2；在第八行中已有数字 8，则（8，7）格中的数字应是 3，而（4，7）格中的数字应是 8，如图 6–4 所示。

		7		5		4		1
			3	8				
4	9	3		2④		5	6	
				7				
2	3	6①	8	9	5	⑥1	7	4
				3	1	6		
	8	5		②4		7	1	
				6	8		4	
7		4		1		9		

图 6-3

		7		5		4		1
		1	3	8		2		
4	9	3	1	2	7	5	6	8
		9		7		8		
2	3	6	8	9	5	1	7	4
		8		3	1	6		
	8	5		4		7	1	
		2		6	8	3	4	
7		4		1		9		

图 6-4

第八步，再看第三列，该列中已有数字 7、3、6、5、4 这 5 个数字，尚缺 1、2、8、9 这 4 个数字，在第一宫内已有 9，第二行中已有 8、2，所以（2，3）格中的数字应是 1。在第四行中已有 8，第四宫已有 2，则（4，3）格中的数字应是 9，因第七宫已有 8 剩下的（8，3）格中的数字应是 2，（6，3）格中的数应是 8。如图 6–3、图 6–4 所示。

第九步，再看第三行，该行中已有 4、9、3、2、5、6 这 6 个数字，尚缺 1、7、8 这 3 个数。由于在第六列中已有 1、8，这两个数，剩下 1、8 两个数，在第九列中已有 1，如图 6–5 所示。

第十步，现在看第八行，该行已有 2、6、8、3、4，5 个数字，尚缺 1、5、7、9 这 4 个数字。先看图 6–4（8，2）格，在第 3 列中已有 9，在第七宫已有数字 5、7，则（8，2）格中的数字应为 1，在第九宫中已有数字 7、9，故（8，9）格中的数字应为 5；在第一列中已有 7，故（8，1）格中的数字应为 9，剩下的（8，4）格中的数字应为 7。

第十一步，看第七宫，缺 3、6 两个数，由于第二列中已有 3，则（9，2）格中的数字应为 6，（7，1）格中的数字应有 3。再看第九行，该行中已有 7、6、4、1、9 这 5 个数字，尚缺 2、3、5、8 这 4 个数字，在第九列中已有数字 5、8，在第九宫中已有 3，故（9，9）格中的数字应为 2；在第九宫中已有 3、5 两个数，故（9，8）格中的数字应为 8；在第四列中已有 3，第六列中已有 5，故（9，4）格中的数字应为 5，

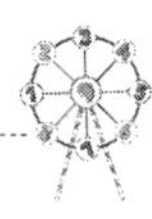

（9，6）格中的数字应为 3。采用同样的方法，即可得到最终答案，如图 6–6 所示。

		7		5		4		1
		1	3	8		2		
4	9	3	1	2	7	5	6	8
		9		7		8		
2	3	6	8	9	5	1	7	4
		4		3	1	6		
3	8	5		4		7	1	
9	1	2	7	6	8	3	4	5
7	6	4	5	1	3	9	8	2

图 6–5

8	2	7	9	5	6	4	3	1
6	5	1	3	8	4	2	9	7
4	9	3	1	2	7	5	6	8
1	4	9	6	7	2	8	5	3
2	3	6	8	9	5	1	7	4
5	7	8	4	3	1	6	2	9
3	8	5	2	4	9	7	1	6
9	1	2	7	6	8	3	4	5
7	6	4	5	1	3	9	8	2

图 6–6

现在再举第二个例子来说明其解题方法。为了说明方便起见，用一、二、三……九标出了九宫的次序（见图 6–7）。

第一步，先来看第六宫（见图 6–8）。在该宫中，已有 1、9、7 共 3 个数字，该宫的各格分别处于第四行、第五行、第六行和第七行。由图 6–8 可发现，在第五行、第六行和第七行中都有 6，用目的数标线法向这一宫引标线就会发现，它在第五行至第七行的格中都不能有 6，所以只有（4，4）格中的数字为 6。

		1		2				7
	一		2	9	三	7	5 四	
2	4	3	二					
		4				2		
	6		1				8	4
五		六	9	7	6		七	
5		7			1			6
		8					3	
3	1		八		5	4	九	

图 6–7

		1	5	2				7
			2	9		7	5	
2	4	3	7		⑧			
		4	6			2		
	⑥		1				8	4
			9	7	⑥			
5		7			1			⑥
		8	4	1			3	
3	1				5	4		

图 6–8

第二步，现在再来看第三宫中的（3，6）格，在此可用“九缺一”的方法来求解。

这一格处于第三行、第六列和第三宫。从这些行、列、宫中引标线到该格上，得知第三行2、4、3，第六列有6、1、5，第三宫中有2、9、7，所以可排除8个数，得到（3，6）格中的数字应为8，如图6–8所示。

第三步，由（5，4）格、（7，6）格和（9，2）格向第八宫中引标线，得到（8，5）格中的数字是1。再由（1，9）格、（2，7）格和（6，5）格向第二宫引标线，得到（3，4）格中的数字为7。再（8，4）格，第四列中已有1、2、6、7、9，尚缺3、4、5、8，看（8，4）格，第八行中（见图6–7）有3、8，第八宫中已有5，故（8，4）格中的数字应是4。由于第七行已有5，第九行也有5，所以（1，4）格中的数字应是5，如图6–8所示。

第四步，现在来看（3，5）格，第三行已有2、4、3、7、8，第五列已有2、9、7、1，该格中的数字应是5或6，再看第六列中已有6、8，故（4，6）格中的数字应为9，（2，3）格中的数字应为6，（4，5）格中的数应为8。

第五步，看第四行，该行中已有4、6、8、9、2，尚缺1、3、5、7这4个数字，由第八列中已有5、3，第四宫中已有2、5、7，故（4，8）格中的数字应为1，（4，1）格中的数字为7。又由于第四宫中已有5，故（4，9）格中的数字应为3，而（4，2）格中的数字应为5。在第五列中已有2、9、5、8、7、1这6个数字，尚缺3、4、6这3个数字，由于第九行中已有3、4，故（9，5）各中的数字应为6。又由于第五行中已有4，故（5，5）格中的数字应为3，则（7，5）格中的数字应为4，如图6–9所示。

		1	5	2				7
		6	2	9		7	5	
2	4	3	7	5	8			
7	5	4	6	8	9	2	1	3
	6		1	3			8	4
			9	7	6			
5		7		4	1			6
		8	4	1			3	
3	1			6	5	4		

图6–9

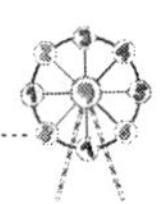

第六步，由于第九行中已有3，故（9，4）格中的数字应为8，则（7，4）格中的数字应为3。再看第四宫中，由于第九列中已有6，第四宫中已有1，故（3，9）格中的数字为9，则（3，8）格中的数字应为6，（3，7）格中数字应为1。再看（1，8）格，第一行中已有1、5、2、7，第八列中已有5、6、1、8、3，尚缺4、9，但第四宫中已有9，故（1，8）格中应为4。

第七步，看第四宫，（2，9）格中的数字应为8。再看第九宫，（9，9）格中的数应为2，（8，9）格中的数字应是5，则（6，9）格中的数字应是1。

第八步，第二行中已有6、2、9、7、5、8，在第二列中已有4、5、6、1，故（2，2）格中的数字应为3。在第二行已有3、6、2、9、7、5、8，第一宫中已有3、4、2、5、7、6，则（1，2）格的数字应为1，（2，6）格中的数字应为4。在第三宫中（1，6）格中的数字应为3，（1，7）格中的数字应为6。

第九步，再看第九宫，宫中有1、2、3、4、5，第八行中已有8，故（7，7）格中的数字应为8，则（9，8）格中的数字应为7，（8，7）格中的数字应为9，如图6–10所示。

		1	5	2	3	6	4	7
1	3	6	2	9	4	7	5	8
2	4	3	7	5	8	1	6	9
7	5	4	6	8	9	2	1	3
	6		1	3			8	4
			9	7	6			1
5		7	3	4	1	8		6
		8	4	1		9	3	5
3	1	9	8	6	5	4	7	2

图6–10

第十步，现在再看第八宫，宫内已有8个数，只缺2，则（8，6）格中的数字是2。第六列中已有8个数字，则（5，6）格中的数字应是7。在第八行中已有8、4、1、2、9、3、5，尚缺6、7两个数，由于第二列中已有数字6，故（8，2）格中的数字应为7，（8，1）格中的数字应为6。

第十一步，在第五行中已有6、1、3、7、8、4，在第七列中已有6、7、1、2、8、9、4，因此，在（5，7）格中的数字应是5。在第五行中，已有6、1、3、7、5、8、4这7个数，在第三列中已有1、6、3、4、7、8、9这7个数，因此（5，3）格中的数字应为2，（5，1）格中的数字应为9，在第一宫中，（1，1）格、（1，2）格中的数字应为8与9，由于第一列中有9，故（1，1）格中的数字应为8，（1，2）格中的数字应为9。与此同进，（6，1）格中的数字应为4，如图6-11所示。

第十二步，再看第六宫，宫中已有6、2、1、3、9、7、4，尚缺5、8两个数，因第二列中已有5，故（6，2）格中的数字应为8，（6，3）格中的数字应为5。最后两个数字2、3，在第七列中已有2，第八列中的数字应为2，则第七列中的数字应为3。解题到此结束，答案见图6-12。

8	9	1	5	2	3	6	4	7
1	3	6	2	9	4	7	5	8
2	4	3	7	5	8	1	6	9
7	5	4	6	8	9	2	1	3
9	6	2	1	3	7	5	8	4
4			9	7	6			1
5	2	7	3	4	1	8	9	6
6	7	8	4	1	2	9	3	5
3	1	9	8	6	5	4	7	2

图6-11

8	9	1	5	2	3	6	4	7
1	3	6	2	9	4	7	5	8
2	4	3	7	5	8	1	6	9
7	5	4	6	8	9	2	1	3
9	6	2	1	3	7	5	8	4
4	8	5	9	7	6	3	2	1
5	2	7	3	4	1	8	9	6
6	7	8	4	1	2	9	3	5
3	1	9	8	6	5	4	7	2

图6-12

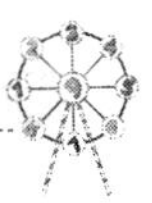

三、谜题（NO.6-1 ～ NO.6-50）

NO. 6-1

		9	1				6	
	8					4		
2	5		6					1
			2	3	5			
	4				6		2	
8		7						
						8	9	7
		3		5	7			
3				7		6		4

NO. 6-2

2							8	
6					5			2
5		1					9	6
	9		2	5			1	
		3	7	9				8
3					4			
						3		5
	3	6			9	1		
8	1			2			5	

NO. 6-3

		4		8		1		7
9				5		3		
	7					2		9
7			8	9			1	
			6				8	1
4		9	5					
3					1		6	
	2	8		7				
		5			2			6

NO. 6-4

5		7	8			3	4	
	6				7	2		
9			4					8
			9	1	3			
	2				4		9	
		5						
3						6	7	5
		1		3	5			
1				5		4		2

NO. 6-5

6	7			9				5
			9	7		5		
9	2	1						
						9		1
	4		8					
			7	5	4		9	
3			1		8			4
		6					1	
1		7			3	2		

NO. 6-6

8				2				9
		4				8		
2		3				5		7
			9	3	8		6	
3			5	7	1			8
	1			6				
5		1				3		2
		7		1		6		
6				9				5

NO. 6-7

		3	4				9	
	2			9		7		
5		7	9					4
			5	6	8			
	7				9		5	8
		1						
	5					2	3	1
		6		8	1			9
6				1		9		

NO. 6-8

8		6			7		5	
3		5		7				8
2							6	3
	6		8		3		7	
		9	4	6				
	8				1			
						9		2
	9	3			6	7		
5	7	1					2	6

NO. 6-9

3		5			7	2		
1				6		4		
	8					3		1
		3	9	1			2	
			7				9	2
5		1	6					
4					2		7	
	3			8				
		6	1			9		7

NO. 6-10

		1	2		5		7	9
2	9					5		
3			7					2
			3	4	6			
	5				7		3	
	7	8						
						9	1	8
		4		6	8		9	
4				8		7		

NO. 6-11

9				3				8
2			3	1		8		
3	5	4		6			7	
						3		
	7		2				9	
				8	7			
6		8			2			7
		9					4	
	2		9		6	5		

NO. 6-12

6		4		5		8		2
			3					
	5	2				9	3	
			5	7	8			
8			9	4	3			6
			6	2	1			
	1	9				7	4	
		6						
5		8		9		2		

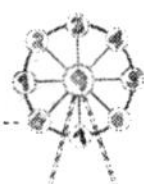

NO. 6-13

4			9			3		
				5		6	9	
	4		8					1
					3	7		2
8	6				4			
	8			7	6	9		
7		9					5	6
6		1		3				7
		8					3	

NO. 6-14

	9	4				3		7
6		7	8					3
						1	8	
	3		4		2		7	
2				7		4		
			9	5				
7				1			4	
			7		9		1	8
9	4	3		8				6

NO. 6-15

2			7			1		
				3		4	7	
	2		6					8
					1	5		9
6	4				2			
	6			5	4	7		3
5		7					3	
4		8		1				5
		6				9		

NO. 6-16

	2	6				5		
8		9	1				2	5
6						3	1	
			6		4		9	
				9				2
	9		2	7				
9				3			6	
			9		2		3	1
2	6	5		1				8

NO. 6-17

5					8	4		
2				6			1	
	5		9					2
					4	8		3
9	7				5			
	9			8	7		2	
8		1					6	
	1	2		4				8
		9			2	3		

NO. 6-18

3				6				2
			6	4		2	9	
6	8	7						
					4	6		
	1		5				3	
			4	2	1			
9		2			5		4	1
		3		5			7	
		4			9	8		

NO. 6-19

1		9		7		6		3
			5					
	2	5				7	8	
		2		9		1		
4			1	2	7			6
				5				
	1	7	4			9	3	
					1			
9		6		3		2		4

NO. 6-20

9		7					6	
4		6	7			2		9
3							7	4
	7		9		4		8	
8		1	5	7				
	9				2			
						1		3
	1	4			7	8	9	
6	8						3	

NO. 6-21

	2	8	9				5	7
	7				8	3		
1			5					9
			1	2	4			
	3				5		1	
7		6						2
						7	8	6
		2		4	6			
2				6		5		

NO. 6-22

7				1				6
			1	8		6		
1	3	2						8
6						1		
	5		9				7	
			8	6	5			
4	1		2		9			5
		7					2	
2		8			4	3		

NO. 6-23

5			3	9				
		6				7		
2		3				1		5
			9	6			1	
8			1	7	5			3
	6			3		5		
7		5	4			3		2
		8			3	4		
				2				8

NO. 6-24

2		4	5			9	1	
	3					8		
6			1		3			5
1			6	7	9			
	8				1		6	
		2						
			8			3	4	2
		7		9	2			
7				2		1	9	

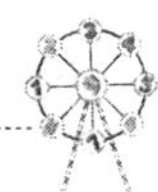

NO. 6-25

6		4		8			3	
1								6
9	3				2		4	1
	4		6		1		5	
		7	2	4				3
	6				8			
						7		9
	7	1			4	5		
3	5				7		9	

NO. 6-26

		8				5		
4		5		9		7		3
3	2					6		4
			3	4			5	
			1				3	5
8		4	9					
7					5		1	
	6	3		2				
		9			6			1

NO. 6-27

	5	2	3				8	
	1					6		
4			8		1			3
	9		4	5	7			
	6				8		4	
		9						
	4					1	2	9
		5		7	9			8
5				9		8		

NO. 6-28

4				7				3
			7	5		3		4
7	9	8						
	1				5	7		
5	2		6				4	
			5	3	2			
1					6			2
		4					8	
		5			1	9		

NO. 6-29

4				8	7			
		5				6		
1		2				9		4
	4			5			9	
7			9	6	4		5	2
	5		7	2				
6		4				2		1
		7				3		
			6	1				7

NO. 6-30

	7					6	3	1
		3	2			8	5	
7		5		8				
	8		6				4	
				2	9	5		
	3		8		4		2	
8	2							7
4		6		3				8
	1					2		4

NO. 6-31

	4	8			3	7		
1		2	3					7
		4				5	3	
			8		6		2	
6				2				
			4	9				
2				5			8	6
			2	8	4		5	3
4	8	7						1

NO. 6-32

3			8	9		2		
		2		4			8	
	3	6	7					9
					2	6	7	
7	5				3			
	7			6	5			4
6		8					4	
		9		2				6
		7				1		

NO. 6-33

1				4				9
	5		4	2		9		
4	6	5						
						4		5
	8		3				1	
			2	9	8			
7		9			3		2	8
		1					5	
	3			8		6		

NO. 6-34

4				7				
		9			5	4	7	
7		8				1		3
				8		3		
8			1	3	6			4
	6			2				
1		6				8		7
		3	7			2		
				5	8			1

NO. 6-35

9	5						1	8
		1	9			6	3	
5		3		6				
			4				2	3
				9	7	3		
	1		6		2		9	
6			7					5
2		4						6
	8					9		2

NO. 6-36

8	3	7				6		
9	4	1	2			8		6
						4	2	
			7		5		1	
		4		1				3
			3	8				
1				4			7	
			1		3		4	2
3	7	6						9

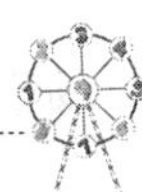

NO. 6-37

2	3			5				1
			5	3		1		
5	7	6					9	
				2		5		
	9		4				2	
			3	1	9			
8					4			9
		2		4			6	
	4		2		8	7		

NO. 6-38

		5		6		9		3
			4					
2	6	3			7	1	4	
			6	8				
	3		1	5	4			
				3				
	2	1	3			8	5	
					8			
6		9		1		3		

NO. 6-39

4		2				8	1	
8	9							4
7							2	8
	2		4		8		3	
3		5	9	2				
					6			
			3			5		7
	5	8			2	3		
1	3						7	2

NO. 6-40

1		3				9		
8				4		2		7
	6					1		8
	2		7	8			9	
			5				7	9
3		8	4					
2					9		5	
	1		9	6		4		
		4						5

NO. 6-41

5				8				4
			8	6		4	2	
8	1	9						
	2					8		
	3		7				5	
			6	4	3			7
2		4			7			3
		5					9	
9		6			2	1		

NO. 6-42

7				1				
	6	3				7		
1		2				4		6
				2	7		5	
2	5		4	6	9			7
	9			5	1			
4		9				2		1
		6		9		5		
				8				4

NO. 6-43

1	4	8					7	
5						3		1
4							8	5
	8		1		5		9	
9		2	6	8				
	1				3			
						2		
	2	5			8	9		3
7	9	3					4	

NO. 6-44

		6				3		9
2	8			7		5		
1	9					4		2
			1	2			3	
			8				1	3
6		2	7					
5					3		8	
	4	1		9				5
		7						8

NO. 6-45

8				2				7
1			2	9		7		
2	4	3						9
						2		
9	6		1				8	
			9	7	6			
			3		1		9	6
		8					3	
	1				5	4		

NO. 6-46

		3		1		9		6
		6	8		9			
	5	8				1	2	
	9			3				
7			4	5	1			9
				8			7	
	4	1	7			3	6	
					4			
3		9		6		5		

NO. 6-47

	9						5	3
		5	4			1	7	
9		7			5			
	1		8				6	
				4	2	7		
	5		1		6		4	
1	4							9
6		8		5				1
	3		5			4		6

NO. 6-48

9		2		6		8		
				1			5	
	9		4					6
					8	3		7
4	2	7			9			
	4			3	2	5		1
3		5					1	
		6		8				3
		4		2		7		

NO.6-49

	6	1				9		4
3		4	5					9
						7	5	
		2	1		8		4	
				4				
7			6	2				1
4			2	7			1	
			4		6		7	5
6	1	9						3

NO.6-50

1			6		4	9		
				2			6	
	1		5					7
					9	4		8
5	3		2		1		4	
	5			4	3	6		
4		6					2	
		7		9				4
		5				8		6

第七章
连体数独

所谓连体数独，就是指几个数独连在一起。连的方式也是多种多样的，常见的是双连体数独，就是两个数独通过一个宫阵叠合在一起。除双连体数独外，还有三连体、四连体、五连体、六连体、七连体、八连体、九连体、十一连体等。除了常见的连体以外，还有一些特殊的连体，例如，“手拉式双胞胎”连体，它是通过异形宫的格子咬合在一起，另外还有一种叠合式连体，犹如叠罗汉那样，它的九个宫不是独立存在的，而是相互重叠，真是令人叫绝，妙趣横生。

连体数独一般可分为初级双连体数独（如 4×4 连体数独、6×6 连体数独）和常规连体数独。4×4 连体数独与 6×6 连体数独在此就不再介绍，本章主要介绍几种常规的 9×9 连体数独。

一、双连体数独

双连体数独是常见的连体数独，它由两个常规（标准）的九宫阵数独组成，这两个数独各有一宫相互重合。

1. 双连体数独规则

（1）对每个数独而言，每行、每列和9个九宫阵中的9个小方格中的数字，1 ~ 9不重复。

（2）对“王”字数独而言，1 个 9 格“王”、1 个 5 格“王”和 9 个 7 格“王”的小方格中的数字，1 ~ 9 不重复。

2. 解题方法

双连体数独的解题方法与一般单个的数独解题方法相同。但与初级双连体数独解题方法一样，一般是先从它们相互重合的那个宫入手，常会有突破。这是因为这个共同的宫可以上下各连两个宫、左右各连两个宫，这些宫中的相关已知数，均会对解决共同的宫中的填数起到一定的作用，有时也可从给出已知数较多的那个数独入手，这

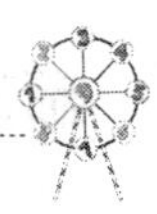

有助于顺利地解题。为了方便说明解题步骤，对各九宫阵、每格、每行、每列的编号顺序与第一章相同，左上方的九宫阵为第一阵，右下方的九宫阵为第二阵。

现在以图 7–1 为例简要地介绍解题的方法。

	3				9	5		4						
7	8			5			1							
		9	3											
		7	9		6									
	9				1		8							
5				4				3						
4			8					6	8			5		1
	2			9			4			7			3	
9		6			5	7					2			6
						6				9		8		2
							8						1	
								1			8	9		
						9					5			
							6			3			4	5
						3		7	1				2	

第一阵

第二阵

图 7–1

第一步，先从双连数独的共同宫入手。因为该宫的第一行、第二列、第三列在第一阵、第二阵相应的行、列中都有 1，而这些 1 又都是与该宫相关连的，故可以采用目的线标线法，把 1 引到该宫中，于是得出该宫在第二阵中（1，1）格、（1，2）格、（2，3）格、（3，2）格、（3，3）格中的数字都不能为 1，所以（2，1）格中的数字应为 1。同样在这一共同的宫中，该宫的第二行、第三行、第一列在第一阵、第二阵相应的行、列中有 9，故采用同样的目的数标线法，得到第二阵中（1，2）格中的数字为 9。采用同样的方法，继续在第二阵第一宫中找到（1，1）格中的数字为 2，（3，2）格中的数字为 3，（2，3）格中的数字为 5。最后在该宫中采用“九缺一”法找到（3，3）格中的数字为 8，如图 7–2 所示。

	3				9	5		4						
7	8			5			1							
		9	3											
		7	9		6									
	9				1		8							
5				4				3						
4			8			2	9	6	8			5		1
	2			9		1	4	5		7			3	
9		6			5	7	3	8			2			6
						6		3		9		8		2
							8						1	
								1			8	9		
						9					5			
							6			3			4	5
						3		7	1				2	

图 7-2

第二步，接下来看第一阵的第三宫。因为该宫的第二行、第二列、第三列在第一阵相应的行、列中都有 8，所以第一阵（3，7）格中的数字为 8。再看第二阵第二宫。因为该宫第一行、第二行、第一列在第二阵相应的行、列中都有 1，所以第二阵（3，5）格中的数字为 1。我们再看第二阵的第六宫，由第二阵的第四宫、第五宫的 3 向第六宫引标线，得到（6，9）格中的数字为 3。同样，由第二阵中的（8，5）格、（9，1）格中的 3 分别向第七宫引标线，得到（7，7）格中的数字应为 3。再由第二阵中的（3，2）格、（2，8）格、（8，5）格中的 3 向第二宫引标线，得到（1，6）格中的数字应为 3。还是在第二阵中，由（1，4）格、（3，3）格、（4，7）格向第三宫中引标线，得到（2，9）格中的数字为 8，如图 7–3 所示。

第三步，采用同样的方法，得到第一阵、第二阵的答案，如图 7–4 所示。

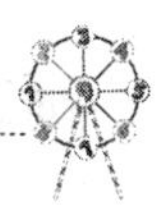

	3				9	5		4						
7	8			5			1							
		9	3			8								
		7	9		6									
	9				1		8							
5				4				3						
4	2		8			2	9	6	8		3	5	7	1
				9		1	4	5		7			3	8
9		6	4		5	7	3	8		1	2			6
						6		3		9		8		2
							8		3				1	
								1			8	9		3
						9					5	3		
						8	6			3			4	5
						3		7	1				2	

图 7-3

6	3	2	1	8	9	5	7	4						
7	8	4	2	5	6	3	1	9						
1	5	9	3	7	4	8	6	2						
8	4	7	9	3	2	6	5	1						
2	9	3	5	6	1	4	8	7						
5	6	1	7	4	8	9	2	3						
4	7	5	8	1	3	2	9	6	8	4	3	5	7	1
3	2	8	6	9	7	1	4	5	6	7	9	2	3	8
9	1	6	4	2	5	7	3	8	5	1	2	4	9	6
						6	7	3	4	9	1	8	5	2
						5	8	9	3	2	6	7	1	4
						4	2	1	7	5	8	9	6	3
						9	1	4	2	6	5	3	8	7
						8	6	2	9	3	7	1	4	5
						3	5	7	1	8	4	6	2	9

图 7-4

3. 谜题（NO.7-1 ~ NO.7-20）

NO. 7-1

			6	7	2									
	2						9							
		6				5	3							
6	9				1									
		5				8								
8			2				1	5						
	8	9						3				5		
								9		7		2	8	
			9	4	7	2			9					1
							1	5					4	
							3		4		5		9	
							6					8	1	
						3					4			8
							2	1		3		6		
								7				9		

NO. 7-2

4								3						
	9	6				4	1							
		7	9	8										
		4	1		3	6								
9								7						
		3	7		6	1								
				4	2	8			3	5				2
	2	5				7	3					1		
6								2				4		3
						3			5		8			1
										2				
						1			4		7			9
						9		8				3		5
								6				9		
						4				1	6			7

NO.7-3

1		9	3		2			7						
2		5												
7					6	8								
				5			3							
			1					9						
				8			5							
		1			9	3					2		7	
4		2					1			3				
6		8	7						8	7		6		1
									2			3		6
								8	4					
								9				1		7
							6	7		5		4		3
							9			2				
						4					6		9	

NO.7-4

7			6	1				4						
		9				6								
5		3				8		9						
9			7		4			1						
				2										
1			8		5			3						
3		4				2								6
		1					3	7				5	2	
2				5	3			8	2	4				
								1	6		7	3		
						7								9
								6	3		1	4		
										8	9	7		
							1	4				6	9	
						3								4

NO. 7-5

4				5			9	6						
		8		6										
	7		3				8							
9								8						
		1		8	3	6								
8		2	5			4								
	8			3	9	5					6		2	
3													3	
		4	7				6	3		8	7			5
							3		8				5	
						4				6		2		
								8		4				6
								9		7		1		
							7			2		5		
						6			6				9	

“王”字数独

“王”字数独

NO. 7-6

		7		5			1	4						
5					3	9								
	3		7											
1					6			2						
		9	8				5							
		8		1		6								
8		3		7	1						4		8	2
				9			3					4		
9							4	7		2	3			
							7		2			1	5	
							1			4				
						9				6				4
							2	1			5	9		
										8		5		
						3			4				1	

“王”字数独

“王”字数独

NO. 7-7

5		8		6	7									
						7	9							
	7		3				8							
		1		8		6								
			1		4			8						
8		2				4								
3													3	
	8	7		3	9			1			6		2	8
			7				6	3		8	7			
										6		2		1
							3	7	8				5	
						1					9			
										2		5		7
							8	9	4	7		1		
							5						9	

“王”字数独

“王”字数独

NO. 7-8

5			1					6						
	9		2				1							
	3				9		2							
		9	8			4								
1				3				2						
		8			4	6								
		4						8						
8	2			7	1						4		8	2
			3				4	7		2	3	6		
								5		4				9
						4	7		2				5	
											1	7		
										8		5		
						8		1	6			9		
							5				9		1	

“王”字数独

“王”字数独

NO. 7-9

1	9				3									
			9		1		7							
		2					1	9						
	8		5	1										
		5					9	3						
9					6	4								
		6			8					6				2
7			3			5		4					7	
8			1					7	4	1			5	
								8	3	2				
							6					9	3	
								3			6			4
						2			1				9	
								9				4		
						8				3	2			1

“王”字数独

“王”字数独

NO. 7-10

		3	4					5						
				5	9		3							
5		8					9							
7			5	9				8						
	8				3									
1						6		2						
8		4	6						3			2		
			7			5		6			7		3	
2				1				3		9			5	
						6			7	8				
							4	8					7	
									5					
						8			9					
							9	1		5	3	6		
													4	9

“王”字数独

“王”字数独

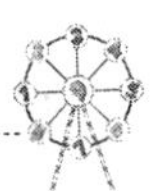

NO.7-11

4		1		2		5								
				1				8						
		2	9				4							
2			6					4						
	4				2	9								
7			4				2							
9		6						2					6	
			3		9						6	2		
5				7		6		3	8		7			5
										9			5	
							2	9		4			1	
						5			3			9		
							4		6					1
						3				8	2	5		
								8					3	

“王”字数独

“王”字数独

NO.7-12

6		9		8		5								
				9				2						
		8	1				6							
	5		4			7								
		7		2		1								
3				7				5						
	2				5									1
9	6		7		1	6					4	8		
						4		7	2		3	9		
							7		8				5	
								1					9	
						5			7		9	1		
									4					
						7	4			2		5		
								2			1	3		4

“王”字数独

“王”字数独

NO. 7-13

	2				1	5								
	1		6					8						
9					2		4							
		7		5				4						
5				4		9	7							
		1	7											
					6					6				
3		9		2			5		2					6
	7		5			6		3		4		8		7
							3			5		2		8
								9		1				
							7		9				6	
								5			1	6		
						3			5				8	
							1			3				9

“王”字数独

“王”字数独

NO. 7-14

	8				9			1						
				1				2						
1		4			8		6							
	1				2			6						
5						1	3							
	7		3	4										
					4		2							
7		1	2						8		2			4
8				9		4		7	9			2		3
						9				5				2
								1		9		3		
							3		1					9
							6				9	4		
						7		3	5				2	
										7				1

“王”字数独

“王”字数独

NO. 7-15

3			1					5
4		7		9		8		
			2				4	
7		6			2	4		
								9
1			9		7		2	
			6	3				
9		3			8	1		
8						3		6

“王”字数独

			9					
1					2	6		
3		6	5			7		8
				5			9	
9	2			1		5		
		5			9			3
5				2				6
		3			5		8	
8			6				5	

“王”字数独

NO. 7-16

4	1				9		2	
			7					
		6		8		1		4
2						7		
6				2	8			3
		1	9					2
	6				2			1
	5		3	9				
7						6	3	

“王”字数独

		1			8			6
						4		5
6	3		1		4			
					9			7
	9	4		7				8
7				8		9		
			6		5		8	
3	5					7		
		8			7		6	

“王”字数独

NO. 7-17

	9		4		1		8							
2							4							
		4		2				6						
	2				6	3		4						
		1		8										
	6			4				8						
1		7			8			9		8	2			4
			7	1								6		
3						4	7		9				3	
											1			3
							1	6		3		4		2
						3				2				
									4		5		2	
						7	5					3		
								2		1				7

“王”字数独

“王”字数独

NO. 7-18

4		1						2						
	2		7			9								
			2		8		4							
	5			4		7		9						
		7		8			3							
3			9											
		6			7	5				8			6	
		5	3		9					3		4		
7						6		3	1					7
						8				9			7	
							4	9					8	
									3		8			
						9			6					8
						3		5			4	7		
									2					6

“王”字数独

“王”字数独

NO.7-19

6		9		1		7		8						
				9										
5					2		6							
		2			7	3		1						
4														
		6	1		4	2								
	7			8						2				1
9			7		1		3				4	6		
2						4		7	9				8	
										1			3	
							6	1	5				2	
						3					2			6
									4		7		6	
						7		5				3		
						6					1			4

“王”字数独

“王”字数独

NO.7-20

1				9		2		3						
	2				7									
9			8				4							
		2	3					7						
		6	2					4						
	1				9		2							
6		9		2			1			8				
			9		3				6				5	4
2						3		6			1	7		
										9			7	
						9	4		7				8	
								7			3			9
											6	8		
						5		3					9	7
						1			9	7				

“王”字数独

“王”字数独

二、三连体数独

所谓三连体数独，实际上就是由两个双连体数独结合而成，其中一个分别与另两个共用一个宫。如图 7-5 所示，上面两个数独分别与下面一个数独连体，公共部分就是下面数独的左、右上角的宫。

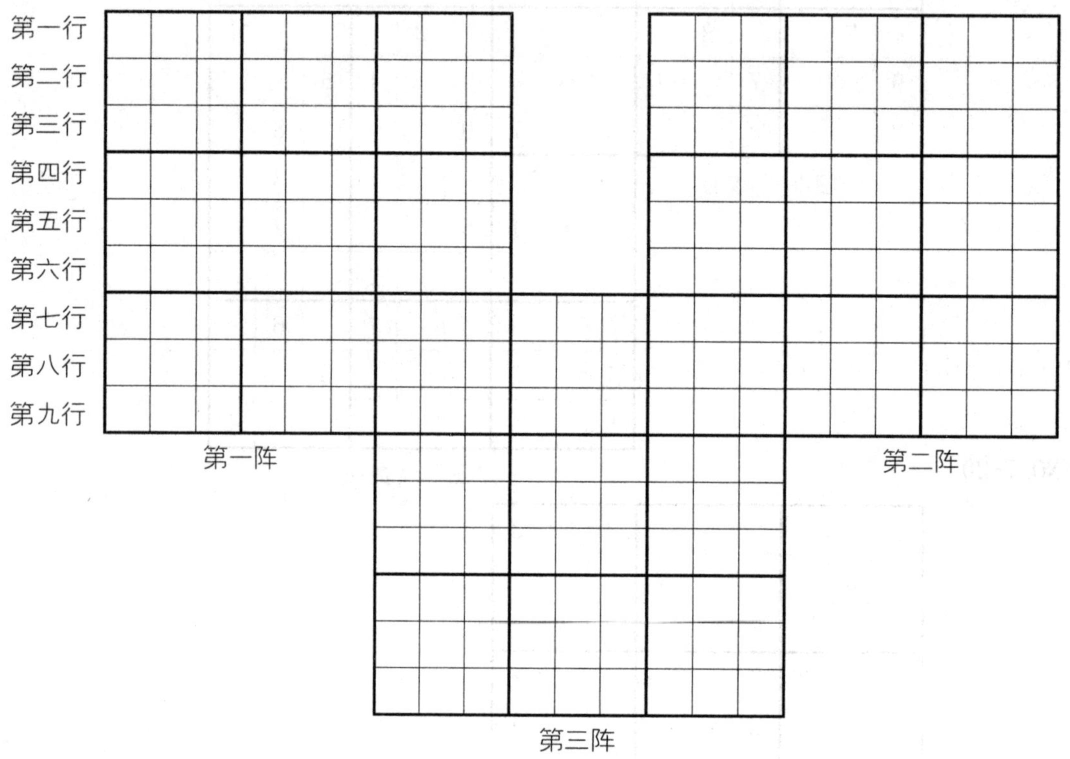

图 7-5

1. 三连体数独规则

与双连体数独性质（1）相同。

2. 解题方法

与双连体数独相同，在大多数情况下，应先从它们共同的宫入手，因为这一宫连着两个九宫阵，对三连体数独而言，第三阵连着第一阵和第二阵，所以还要特别注意两个宫之间数的关系。

3. 谜题（NO.7-21 ~ NO.7-28）

NO. 7-21

	6		7	5		1	8													
5		8		1			9													
			9					5												
					5	8														
8		7																		
					7	3														
			4				1			7			3							
4		1		6		9			2					4						
	5			3	8		6						1	5						
							9	4		3			7							
						7								9						
							5			4		1	2							
						6	2						9				2			
						1					5			8		9		3	5	7
							8			2			5						6	
													3			7	5		4	
														6	8					
												8	4			1			7	
															3				8	
													7			8		4	3	9
												5					9			

NO. 7-22

5	7				2	3														
6			9		4		2													
				3		8														
	5					6		9												
	6		5					7												
			7		1		3													
2		5		4			7					3	2							
				8			1				8		9	7						
8			3			4		2			9		5							
								7		1	2			5						
									7	5										
						6				9				1						
						7					1		3			6		8		
							8			4				2			4	6		3
						1	2		9			4			5	3	7			9
															6		3			
													2	3	4				9	
																	9	3	6	2
												2	6						4	
												1	9				2			
																8			2	

NO.7-23

9				1			2	7												
			5																	
	8	2			4		6													
5				2		7		6												
	9																			
		3	4		7	8														
3				8							6									
6			3		1	2	7		9			5								
	2	1		9		6			8			7								
							3													
								9		2	3		6							
								2		8			4							
											8						2	9	7	
								1	6				2		7	1				3
								6	1			3		8			4	6		
												2	4							1
														3	4	8				
													9				3		5	7
															5	6				
												7				4		5	6	
												5	6		2		8			

NO.7-24

	7			3	6		9						6			8				
	6	2	9									9				5		4		2
			2				5	8				1		7	6					
4							1							6					7	
1	9		5					3				5	2					9		
		3		7	4							4			3		6		5	
	1					4									2			6		
				5				1	8	2			9	4		7	1			3
		5	3			8	6		7	4			5	2			9		8	7
							8	7			6									
						1					2	9								
											7			3						
							9	3				4								
									3			2	6	9						
						6					9	5								

NO.7-25

			1		8			5					4			8		3		2
				2	6	4	7										1		9	
8		6				9						7					4			
	9			6			5					2	7			5		1		9
					7	6								5	8					
	8			9			2						1			7	6	5		8
4		9			2		1			8			2	7			8			
				1	9	7		2	1		6	9		3					1	
									5							9		2		7
													6							
								8	4		5	3								
							3													
											2									
						2		4	8		3	6		1						
						6	5			1			9							

NO. 7-26

	8	2					1							4	7			6	1	
5												6					9			
			7	1			9	8				8		9	5		3			
9		5			6	1								1	9			7		4
				7	8	4	5												2	
8		1			2	7								3	1			8		5
			3	5				6				2			3		4			
		6				5	2						3	7			1			
1	5			6						4	2			8	2				5	3
						3			7			9		1						
								9				7								
						4			1		3			6						
						7			9	8										
						6	9						1	4						
								4				3								

NO. 7-27

1		9	5		7	2		3						7	3		2	1		9
																		2		5
			3	9			1	4				8		1				7		
8		7			6								3							
	2				1	5						2		9					5	
5		4				3							5							
			8	6				2		7		3					9			1
							3						1		6	3		4		2
3		1	9		4	8	7		1		6		4		7			6		8
						2			6		3									
						4			2					8						
														9						
							5		3		4		6	7						
							2						9							
								6		9		4								

NO. 7-28

8		6													3					
		9		2				8				2	8			4	1			
	5		6					9						1	6				8	
2					6	9						4					9	7		1
					7	4							9			7		8		6
		1			2	7						3					8	2		4
	8		5			2								3	1				7	
1			3	9					1	3	6		2			5	6			
5		7					9	3	5			7	1							
						9				4										
							7						3							
										5				4						
							2	5			8	9	6							
							8		4	9	1									
						1								8						

三、四连体数独

四连体数独是由四个九宫阵连接而成，彼此有四个共同宫，实际上它是在三连体数独的基础上变化而形成，如图 7–6 所示。

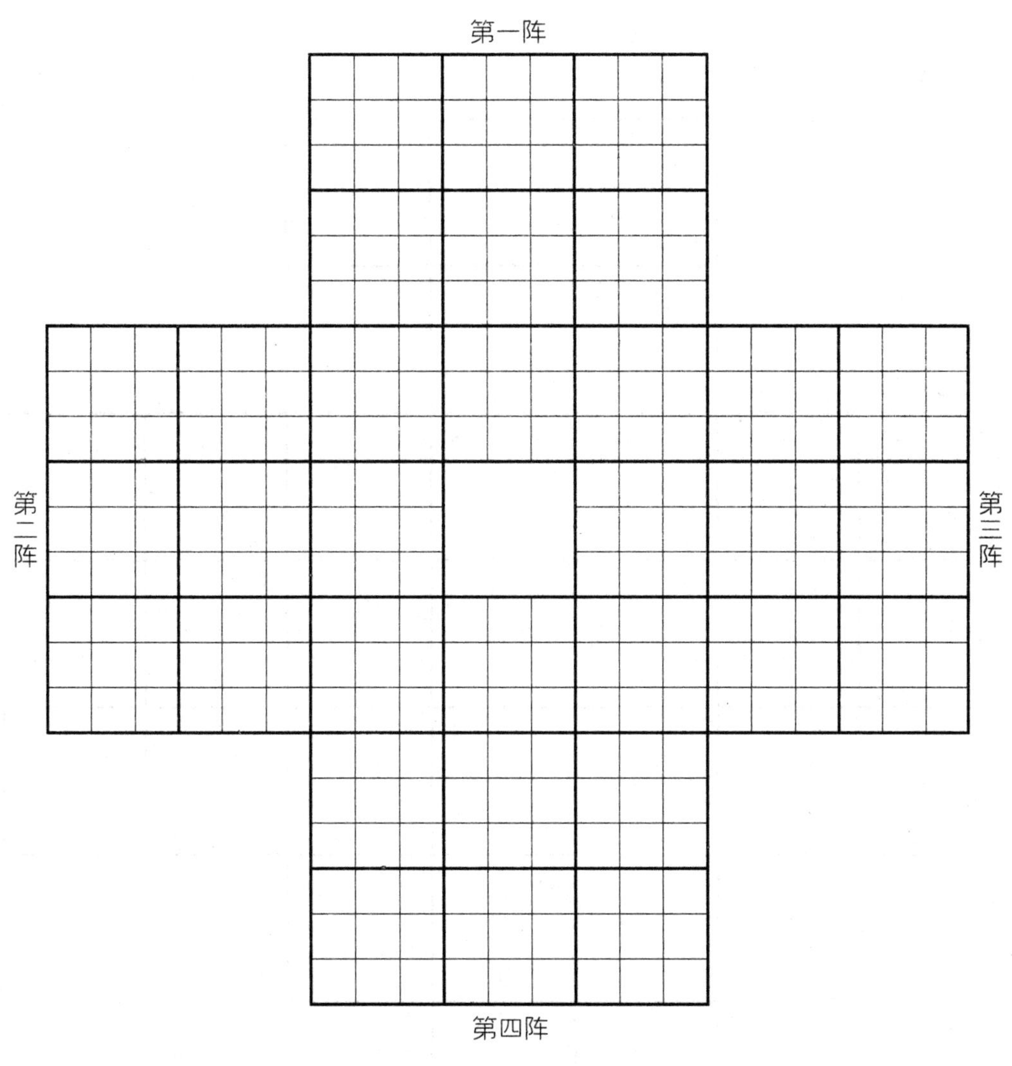

图 7–6

1. 四连体数独必须满足的性质与双连体数独性质（1）相同

2. 解题方法

与三连体数独相同。

3. 谜题（NO.7-29 ~ NO.7-30）

NO. 7-29

								8	9											
							9						6							
						6		1			2			5						
								7		4		5								
									5	1		7								
9						3		5			8	9		7		4	6			
	5	2	9	3			8						2							9
1	4									6		4			9	2		3		
		6			5									1	8				2	
	1				6	4		7					9	4	7	6			3	5
					9		2							5		1			9	
	6							3			4				1	9				
		5	1	9		2	4					1								6
									9	7		3			6		8			
						1			2	6				4						
						8			5	9				1						
								5	4	3		8								
								9					6	5						
											5	2								

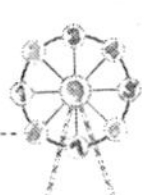

NO.7-30

								3												
						9			5			6								
									3	2	9									
								9	7	8			1	6						
							6							8						
							4	2	6		1		9							
		5					7		4	1	5					4	1	5		
6						2			9									6		
				5	7		9	4				1		3					8	2
	9				5									9		2	5		4	
		2					8						4							5
				4	1			6						7		6	9		3	
	8	1		7			5		7				3					9	5	
9						8					2	4								
		6					3		4			2				1	8			
												1								
									6	5	9									
						3						9								
								1	8											
						2				6		5								
						5		4	1				6							

第八章

九字(9×9)奇偶数独

所谓奇偶数独，就是在标准数独的基础上标出了一些区域，即在圆圈中要求填偶数（即 2、4、6、8），而没有圆圈的方格内要求填奇数（即 1、3、5、7、9）。由于增加了限制条件，解题时自然要重点考虑填入数的奇偶性，所以解题时要比标准数独容易一些。

一、九字奇偶数独规则

（1）每行 9 个小方格中的数字，1 ~ 9 不重复。

（2）每列 9 个小方格中的数字，1 ~ 9 不重复。

（3）每个九宫格（3×3）中的数字，1 ~ 9 不重复。

二、解题方法与技巧

如图 8-1 所示，先解题目圆圈中的偶数，然后解决小方格中的奇数。

	○	○	○		9	○		
⑥			○	②				○
	④		⑧			○	○	
		⑥		3	○	○		○
○		○			④	1		○
1		○		○	○	○	5	
	②			○	○		○	5
○		7	○	○			⑧	
○	○					9	○	○

图 8-1

第一步，先看第一宫。由于第二列中已有 2、4，第一宫中已有 6，所以（1，2）格中只能填入 8，（1，3）格中应填入 2。然后看第四宫的（5，3）格，因为第三列已有 2，第五行中已有 4，所以（5，3）格中应填入 8，（6，3）格中应填入 4，（5，

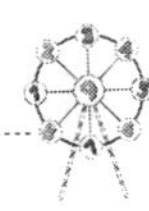

1）格中应填入 2，所以（5，9）格中应填入 6，如图 8-2 所示。

	8	2			9			
6				2				
	4		8					
		6		3				
2		8			4	1		6
1		4					5	
	2							5
		7					8	
						9		

图 8-2

第二步，在第二宫中已有 2、8，偶数尚缺 4、6，在第二行中已有 6，在第二宫已有 8，所以在（2，4）格中应填入 4，（1，4）格中应填入 6，（2，9）格中应填入 8。在第七宫中，在第二列中已有 2、4、8，故（9，2）格中应填入 6。在第一列中已有 2、6，在第八行中已有 8，所以（8，1）格中应填入 4，（9，1）格中应填入 8。再看第八宫，由于第八行中已有 4、8，第五列中已有 2，所以（8，4）格中应填入 2，（8，5）格中应填入 6。又由于第六列中已有 4，故（7，5）格中应填入 4，（7，6）格中应填入 8。在第七行中已有 2、4、8，故（7，8）格中应填入 6。在第一行中已有 2、6、8，故（1，7）格中应填入 4。

	8	2	6		9	4		
6			4	2				8
	4		8			6	2	
		6		3	2	8		4
2		8			4	1		6
1		4		8	6	2	5	
	2			4	8		6	5
4		7	2	6			8	
8	6					9	4	2

图 8-3

在第三行中已有8、4，尚缺2、6，在第八列中已有6，故（3，7）格中应填入6，（3，8）格中应填入2。在第八列中已有2、6、8，则（9，8）格中应填入4。在第九行中，已有8、6、4，尚缺2，故（9，9）格中应填入2。同理，在第九列中，尚缺4，故（4，9）格中应填入4。在第四行中已有4、6，尚缺2、8，由于第六列中已有8，故（4，6）格中应填入2，（4，7）格中应填入8。在第七列中，（6，7）格中应填入2。在第六行中，尚缺6、8，因为第五列中已有6，第六列中已有8，故（6，5）格中应填入8，（6，6）格中应填入6。偶数找齐，如图8–3所示。

第三步，第五、六行中都有1，故（4，4）格中应填入1。在第八、九列中都有5，故（2，7）格中应填入5。在第七行中，尚缺3、7，由于第八行中已有7，故（7，7）格中应填入7，（8，7）格中应填入3。在第九宫中是“九缺一”，故（8，9）格中应填入1，如图8–4所示。

以下步骤省略，最终如图8–5所示。

	8	2	6		9	4		
6	1		4	2		5		8
	4		8			6	2	
		6	1	3	2	8		4
2		8	5	9	4	1		6
1		4	7	8	6	2	5	
3	2	1	9	4	8	7	6	5
4	9	7	2	6	5	3	8	1
8	6	5	3			9	4	2

图8–4

7	8	2	6	5	9	4	1	3
6	1	3	4	2	7	5	9	8
5	4	9	8	1	3	6	2	7
9	5	6	1	3	2	8	7	4
2	7	8	5	9	4	1	3	6
1	3	4	7	8	6	2	5	9
3	2	1	9	4	8	7	6	5
4	9	7	2	6	5	3	8	1
8	6	5	3	7	1	9	4	2

图8–5

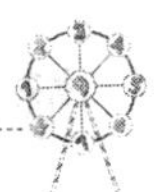

三、谜题（NO.8-1～NO.8-18）

NO. 8-1

(8)		3		○	5	1	○	○
(2)		○	3	○	7			(6)
(6)		9	(4)	○		7		○
		○	○		○		○	7
		○	(6)	5		(4)	○	
1	(4)	○	○		3	9	○	5
(4)	○	1	7		○	○	5	9
	○	5		(4)	(2)	○		
3	○				○	○		○

NO. 8-2

	(8)	○	7	(2)			○	
○		7	○	3		(8)	○	
		○	○	5	(8)		7	○
○			○	○		(2)	9	7
○		(8)			○			○
7	(2)		1	○	3	5	○	(4)
9		(2)	3		(6)	○	5	(8)
	○			○	○	7	○	
(8)	(4)	5	○			○		

NO. 8-3

3	○	9	○	(6)	(8)			
7			○			○	○	(2)
○	○	○		5		9		(4)
○	○	(2)	7	1		○		3
		○	○	○	(6)		5	
5		1		○		(2)	(6)	○
	5	7	9		○	(8)	○	(6)
○	(6)	○	5				(4)	
(4)			○	(8)	○			

NO. 8-4

3	○		9	(4)			○	○
(4)			○	(6)		○		3
○		○		3	(8)			(4)
(2)	○		(8)	1		○	7	9
	3	○			○	○		(2)
	○	7	5	○	○		(8)	
	9	○	○		(2)	1		○
5	○	○		○			(4)	
(8)	1		○	7		○	○	5

NO. 8-5

○	○	5	○			○	3	1
		○	3		(6)	○		○
1	(6)			○	○	7	○	
		(6)	○		(8)			(2)
5	○	○		(2)		1	○	
(2)			(6)		1	○	(4)	
	(2)		1	○	3		○	(4)
○			○	(4)		○		7
(4)		○	9		○	3		○

NO. 8-6

○		3	○	7		○	○	5
		○	(6)		(2)			○
5	○	○		(8)		9	○	
○	5	(2)			○	7		○
3	○			(4)	7	5	○	○
○	7		(2)	○		○		3
9	○			○	(6)		(8)	
○	○	5	(8)	1		○		9
		(8)		○		(6)	5	○

NO. 8-7

5	○	○			○		7	④
	○	9	⑥	○	5	1	○	
⑧	3		○			○		⑥
○		7	○		⑥	○	3	
3		○			④		⑥	○
○	○			○	3		○	9
1	○		7	○		○	○	
○	5	○	⑧			○		7
	7	○	5	○	○	3		○

NO. 8-8

5	○	○			○		3	⑥
	○	1	④	○	5	9	○	
②	7		○			○		④
○		3	○		④	○	7	
7		○			⑥		④	○
○	○			○	7		○	1
9	○		3	○		○	○	
○	5	○	②					3
	3	○	5	○	○	7		○

NO. 8-9

9		④	⑥	○	5	○		1
	○		○				○	○
②		○	3		⑧		○	9
	⑥	○	1	⑧	3	○	9	
	○		○		○			○
○	3	1			○	⑥	②	
	1	⑧		○		②	5	○
○	○		○					○
○	9		5	○	②		⑧	

NO. 8-10

○		9		○	5	1	○	○
⑧		○		④	3			○
⑥			○	○				④
○	○			9	○	⑥	5	7
7	○		1	○	⑧	○		
	④			7	○	○	1	○
5	7	○	⑧		○		○	3
		○	○	5		○	○	
	○	⑧	○			7	○	

NO. 8-11

	5	9	○	1	3	○	②	⑥
		○	○	○	○			
⑥	○	②				3	⑧	
	○	1	○	○	○	9		
○	②	○		5		○		
		7		3	○	○	○	④
○	○	○	5		7		3	○
9	7			○		○	○	②
○			④	○	⑥			

NO. 8-12

○	⑧		○				3	⑥
○	1	3		○	⑧	9	②	
		○		⑥		○		○
	○	7	⑥				○	○
○	5	○		9	2	3	○	1
		○	○	○		②		
	○	1	○	5	○			○
②		9	1	3	○	○	○	5
	○	○		○		⑥		

NO. 8-13

3		④	○	②	⑧	1		
○	○	○				④		
	5	1	9	○	3	○	○	○
		7	④	3		○	⑥	○
	④		○	○	○		5	
○	②	○		7	5	3		○
○	○	○	7		1	9	④	
		5			○	○	○	○
○		9	○	⑥	○	5		7

NO. 8-14

⑧		9		○		7	○	○
④	○				⑧	②		
5		②	○	7	○		⑧	
○		3	○	○	7	1		○
	○		5	3	②	○		○
	○	⑥	⑧			3	○	
○	7	○		⑧		5		②
	○	5	7	○	○	○		9
		⑧	○			④	○	7

NO. 8-15

④	○		○	7	3	5		○
	⑥	5	○		○			○
	○	7	○		⑨	1	○	②
○	5	9		○	○		○	7
⑧			5		⑥	○	○	1
○		○			⑧		⑥	
		⑧	9	○		②		○
	④	○		○		⑥	5	
		⑥	④	②		○		3

NO. 8-16

⑧	5		○	④	3			②
1	○	9			○	○	3	○
	○	○	○			7	○	
○		○		○	9	5		⑧
7	○		3	⑥	④	○		1
		②	⑧			○	○	
○		1		○			○	○
○	④				○	⑧		7
5		○	④	3	○		②	9

NO. 8-17

④	○		1		○	②	5	
		②	⑥		○		○	
○	1			○	5		○	⑥
9	○	1		3	○	⑥		○
	④	○	○				②	
○		3	○	⑥		1		⑧
3	○		7	○	○	○	1	
		○	○		3	④	○	
○	7	④		○	1			②

NO. 8-18

	○	9	5		○	○	3	○
	○	○	○			7	○	5
⑧	5		○	○	3			②
	⑧			⑥	○	②		
	1	○	⑧		7	○	④	
○		⑥		②			7	○
⑥	○		9		○	○	5	7
5		⑧	○		○		○	
○	9			○	5	3	○	○

第九章
九字(9×9)
密码数独

所谓密码数独，就是指在标准数独的基础上加上某种密码。这种密码就是预先设定的暗号。所设暗号的形式多种多样，而且在数独中所用的暗号一般是 1 ~ 9 中的数字，当然选作暗号的这些数字必须具有一种能作暗号的规律，因此在解题时，就必须从这个暗号入手，才能顺利解题。

一、九字密码数独规则

密码数独规则与标准数独相同。

（1）每行 9 个小方格中的数字，1 ~ 9 不重复。

（2）每列 9 个小方格中的数字，1 ~ 9 不重复。

（3）9 个（3×3）九宫格中的 9 个小方格中的数字，1 ~ 9 不重复。

二、解题方法与技巧

（一）密码的暗号是“三阶幻方”

所谓“三阶幻方”，就是指在数独中有一宫（即 3×3 的某个宫）内，每行、每列和两条对角线上的 3 个数之和相等，且等于 15。如图 9–1 所示，第五宫为三阶幻方，只有了解了幻方的数学知识，才能破解密码而顺利解题。

6	3	4			7	8	2	1
	9			1			5	
1			6			7		
5			4			1		
	4			5			6	
		9			6			4
		1			5			8
	6			8			1	
7	5	8	1			2	4	3

图 9–1

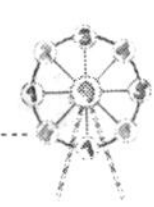

第一步，从第四行、第五列和第四列的 1 向第五宫引标线得到（5，6）格中应填入 1。再根据幻方原理，得到（4，6）格中应填入数字 8（15−6−1=8）。（4，5）格中应填入数字 3（15−8−4=3），（6，5）格中应填入数字 7（15−3−5=7），（6，4）格中应填入 2（15−8−5=2），（5，4）格中应填入 9（15−1−5=9），如图 9-2 所示。

6	3	4			7	8	2	1
	9			1			5	
1			6			7		
5			4	3	8	1		
	4		9	5	1		6	
		9	2	7	6			4
		1			5			8
	6			8			1	
7	5	8	1			2	4	3

图 9-2

第二步，在第一行中已有 7 个数字，尚缺 5、9，采用“二筛一”法得到（1，5）格中应填入 9（因为第五列中已有 5），（1，4）格中应填入 5。在第九行中已有 7 个数字，尚缺 6、9，采用同样的方法得到（9，5）格中应填入 6，（9，6）格中应填入 9，如图 9-3 所示。

6	3	4	5	9	7	8	2	1
	9			1		4	5	
1			6			7		
5			4	3	8	1		
	4		9	5	1	3	6	
		9	2	7	6	5		4
		1			5	6	7	8
	6			8		9	1	5
7	5	8	1	6	9	2	4	3

图 9-3

第三步，寻找（5，7）格中的数字，将第五行与第七列两组数字放在一起，有1、2、7、8、6、5、4、9，缺3，故（5，7）格中应填入3。再看（6，7）格，将第六行与第七列两组数字放在一起，尚缺5，故（6，7）格中应填入5。（8，7）格是第八行与第七列的交叉格，将第八行与第七列两组数字合在一起，尚缺9，故（8，7）格中应填入数字9。再看（7，7）格，该格是第七行与第七列交叉格，将第七行与第七列两组数字合在一起，尚缺6，故（7，7）格中应填入6。在第七列中是“九缺一”，则（2，7）格中应填入4。在第九宫中，尚缺数字5、7，因在第七行中已有5，故（7，8）格中应填入7，在（8，9）格中应填入5，如图9-3所示。

以下按照九字数独常规解法解题，得到最终答案，如图9-4所示。

6	3	4	5	9	7	8	2	1
2	9	7	8	1	3	4	5	6
1	8	5	6	2	4	7	3	9
5	7	6	4	3	8	1	9	2
8	4	2	9	5	1	3	6	7
3	1	9	2	7	6	5	8	4
9	2	1	3	4	5	6	7	8
4	6	3	7	8	2	9	1	5
7	5	8	1	6	9	2	4	3

图9-4

（二）密码的暗号是“在某行或某列有1～9的自然序列”

如图9-5所示，第五列中有1～9的自然序列，解题方法如下。

第一步，如图9-6所示，先将第五列填入1～9的自然序列。

第二步，由第七、第八行中的2向第九宫中引标线，得到（9，9）格中应填入2。由第五、第六行和第二列中的8向第四宫中引标线，得到（4，1）格中应填入8。由第九列和第二行中的8向第三宫中引标线，得到（3，8）格中应填入8。由第八、第九列中的8向第九宫中引标线，得到（8，7）格中应填入8。由第七、第八行和第一列中的8向第七宫中引标线，得到（9，3）格中应填入8。由第七、第八列中

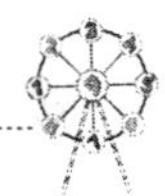

	8			9		7	2	
2		7						
	1		2		3	4		
		9	1					3
				5	8			
		5	3					8
	2		8		9	6		
6		4						
	5			1		9	7	

图 9–5

	8			9		7	2	
2		7		8				
	1		2	7	3	4		
		9	1	6				3
				5	8			
		5	3	4				8
	2		8	3	9	6		
6		4		2				
	5			1		9	7	

图 9–6

的 7 向第六宫中引标线，得到（5，9）格中应填入 7。由第六列中的 9 向第五宫中引标线，得到（5，4）格中应填入 9。由第一、第二列中的 2 向第四宫中引标线，得到（5，3）格中应填入 2。由第三行与第三列组合两组数字中缺 6，所以（3，3）格中应填入数字 6。在第三列中已有 7 个数，尚缺 1、3，由于第一宫中已有 1，故（1，3）格中应填入 3，则（7，3）格中应填入 1。由第五行与第七列组合，两组数字中缺 1、3，由于第六宫中已有 3，故（5，7）格中应填入 1，（2，7）格中应填入 3。由第九行与第一列组合，两组数字中缺 3、4、6，在第七宫中已有 4、6。故（9，1）格中应填入 3。在第七宫中，尚缺 7、9，由于第七行中已有 9，故（7，1）格中应填入 7，则（8，2）格中应填入 9。现在来看第七行，已有 7 个数，尚缺 4、5，现在无法继续往下解，假设（7，9）格中为 4，则（7，8）格中为 5。在第九宫中，尚缺 1、3，由于第九列中已有 3，则（8，8）格中应填入 3，（8，9）格中应填入 1。在第七列中，尚缺 2、3、5，由于第六行中已有 3、5，所以（6，7）格中应填入 2。在第四行中已有 3，故（3，7）格中应填入 5。则（2，7）格中应填入 3。由第五行与第一列两组联合，尚缺 3、4、6，在第一列中已有 3、6，故（5，1）格中应填入 4。在第五行中，尚缺 3、6，由于第六宫中已有 3，所以（5，8）格中应填入 6，（5，2）格中应填入 3。到此，说明上述假设（7，9）格中为 4 是正确的。如图 9–7 所示。

此后按照九字数独常规解法解题，得到最终答案，如图 9–8 所示。

	8	3		9		7	2	
2		7		8		3		
	1	6	2	7	3	4	8	
8		9	1	6		5		3
4	3	2	9	5	8	1	6	7
		5	3	4		2		8
7	2	1	8	3	9	6	5	4
6	9	4		2		8	3	1
3	5	8		1		9	7	2

图 9-7

5	8	3	4	9	1	7	2	6
2	4	7	5	8	6	3	1	9
9	1	6	2	7	3	4	8	5
8	7	9	1	6	2	5	4	3
4	3	2	9	5	8	1	6	7
1	6	5	3	4	7	2	9	8
7	2	1	8	3	9	6	5	4
6	9	4	7	2	5	8	3	1
3	5	8	6	1	4	9	7	2

图 9-8

三、谜题（NO.9-1 ～ NO.9-18）

NO. 9-1（第四宫为三阶幻方）

		5			8			1
	8		1			6		
1			4	2	3	5	7	8
4				1			5	
	5		6			4		
		6			4			9
		7	2	8	1	3	6	4
	1		5			9		
6							1	

NO. 9-2（第二宫为三阶幻方）

5						1		
	4		1	5	9		6	
		9						4
1					6	7		
	9			1			5	
6	3	4	7			8	2	1
7	5	8			1	2	4	3
	6			8			1	
		1	5					8

NO. 9-3（第四宫为三阶幻方）

9			8	1			4	
	4		5		6		3	9
		5	7			1	6	
	9		1			6		
	5				8			1
	1			5			7	
4			3	8			1	
	6		4		1		2	5
		1	2			7	8	

NO. 9-4（第六宫为三阶幻方）

8			1			5		
	1			6			8	
3	4	2	8	5	7			1
		1			5			4
	6			4			5	
4			9			6		
1	2	8	4	3	6	7		
	5			9			1	
		7			1			6

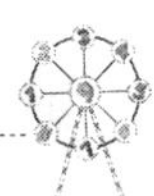

NO. 9-5（第六宫为三阶幻方）

3	4	2	8	5	7	1		
	1			6			8	
8			1					5
4			9					6
	6			4			5	
		1			5	4		
		7			1	6		
	5			9			1	
1	2	8	4	3	6			7

NO. 9-6（第五宫为三阶幻方）

7	5	8			1	2	4	3
	6			8			1	
		1	5					8
		9						4
	4		1	5	9		6	
5						1		
1					6	7		
	9			1			5	
6	2	4	7			8	2	1

NO. 9-7（第五宫为三阶幻方）

4					9	1		8
3	9			4			6	5
6		1	5					7
		6		9				1
	1			5			8	
7				1		5		
1					4	8		3
2	5			6			1	4
8		7	1					2

NO. 9-8（第六宫为三阶幻方）

	1			7				6
		9			5		1	
4	6	3	1	8	2	7		
9			4			6		
		4			6		5	
	5			1				4
8	7	5	3	2	4			1
		6			1		8	
1			8			5		

NO. 9-9（第八宫为三阶幻方）

8					5	1		
	1			8			6	
3	4	2	1			8	5	7
1	2	8			7	4	3	6
	5			1			9	
		7	6					1
4						9		
	6		9	5	1		4	
		1						5

NO. 9-10（第三行有 1~9 自然序列）

		2	1		3	8		
		3		8		9		
9				5				1
			3		8			
2								7
		4				6		9
	7		9		5		4	
8		1				2		5
	2						6	

NO. 9-11（第九行有 1~9 自然序列）

	5	7		1		8	2	
			8					
4	9		3				6	1
9		5				2		3
2			7					8
		1			3			
								5
						3		
1					6			9

NO. 9-12（第八列有 1~9 自然序列）

		8		7	2		9	
7	2							
		1		4		2		3
9			3			1		
							5	8
5			8			3		
		2		6		8		9
4	6							
		5		9	7		1	

NO. 9-13（第五行有 1~9 自然序列）

	2						6	
	7		9		5		4	
8		1				2		5
		2	1		3	8		
9				5				1
		3		8		9		
7		4				6		9
			3		8			
2								7

NO. 9-14（第七行有 1~9 自然序列）

8		1				2		5
	7		9		5		4	
	2						6	
		4				6		9
			3		8			
2								7
9				5				1
		3		8		9		
		2	1		3	8		

NO. 9-15（第三行有 1~9 自然序列）

		8	3		1	2		
		9		8		3		
1				5				9
7								2
			8		3			
9		6				4		
	6						2	
	4		5		9		7	
5		2				1		8

NO. 9-16（第七行有 1~9 自然序列）

	6						2	
5		2				1		8
	4		5		9		7	
9		6				4		
7								2
			8		3			
1				5				9
		9		8		3		
		8	3		1	2		

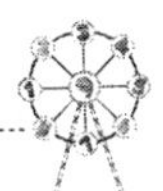

NO. 9-17（第一行有 1~9 自然序列）

9			6					1
		3						
5								
		4	3			1		
8					7			2
3		2				5		9
1	6				3		9	4
					8			
	2	8		1		7	5	

NO. 9-18（第二列有 1~9 自然序列）

	1		7	9		5		
							6	4
9		8		6		2		
		3			8			5
8	5							
		1			3			9
3		2		4		1		
							2	7
	9		2	7		8		

第十章

九字(9×9)大手、小手数独

所谓大于、小于数独是一种另类九宫阵数独，其特点是在数独的任何格内都没有数字，只是在格与格之间有大于、小于符号。要求仅凭借这些符号，就能按数独的规则，找到全部小方格内的数字。乍看起来，简直不可思议，但若进行仔细分析，还是很容易进行推导而得到答案。

一、九字大于、小于数独规则

（1）每行 9 个小方格中的数字，1 ~ 9 不重复。

（2）每列 9 个小方格中的数字，1 ~ 9 不重复。

（3）9 个（3×3）九宫格的 9 个小方格中的数字，1 ~ 9 不重复。

二、解题方法与技巧

谜题如图 10–1 所示。

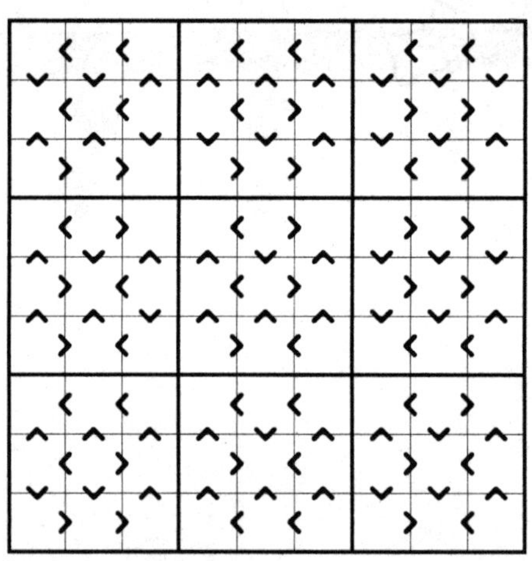

图 10–1

第一步，先找容易突破的那个宫，如在第二宫中，（2，5）格显然是最大数所在的格，即（2，5）格中应填入 9。（2，4）格应是第 2 个最大数所在的格，即 8。然后看（2，4）格的箭头所指的方向，显然是逆时针方向逐渐减小，即（3，4）格

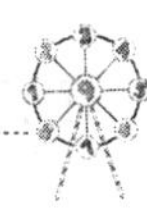

中应填入7，（3，5）格中应填入6，（3，6）格中应填入5，（2，6）格中应填入4，（1，6）格中应填入3，（1，5）格中应填入2，（1，4）格中应填入1，如图10–2所示。

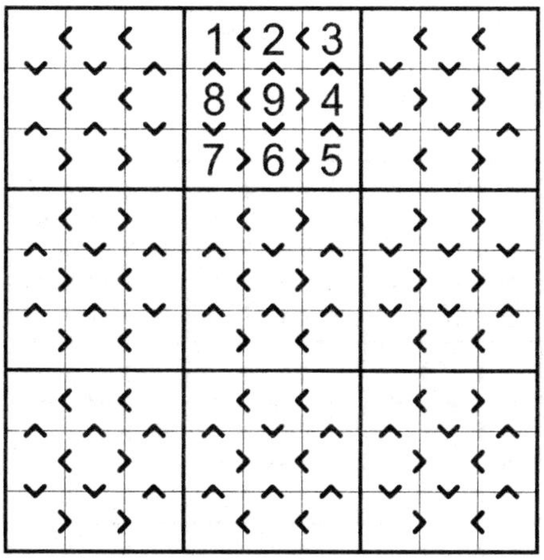

图10–2

第二步，看第一宫，从箭头方向看，最大数9可能位于（2，3）格中，但在第二行中已有9，所以（2，3）格中不可能是9，也不可能是8（因第二行中已有8），所以（2，3）格中只能是7，（3，1）格中应是9，（3，2）格中应是8。因为（2，3）格中是7，则（1，3）格中应是6，（1，2）格中应是5，（1，1）格中应是4。此时只剩下（2，1）格，（2，2）格和（3，3）格中的数字未定，其数字是1、2、3这3个数字，如图10–3所示。

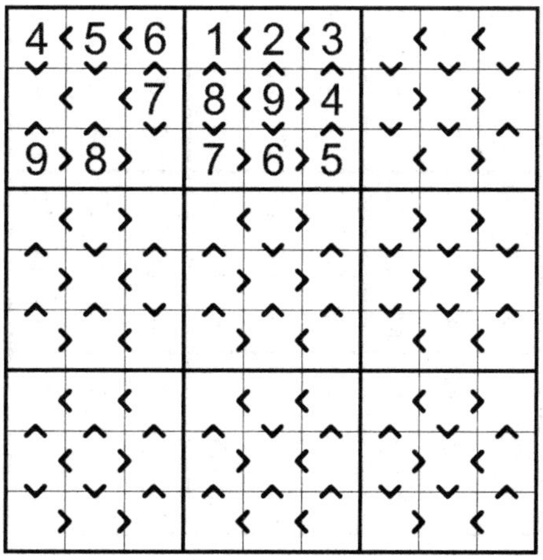

图10–3

第三步，再来看第三宫。最大数应位于（1，9）格，所以（1，9）格中为9；以逆时针方向看，（1，8）格中应为8，（1，7）格中应为7，（2，7）格中应为6，因为（1，8）格中的8和（2，7）格中的6的箭头都指向（2，8）格，故此格中应为5，（3，8）格中应为4，如图10–4所示。

4	5	6	1	2	3	7	8	9
		7	8	9	4	6	5	
9	8		7	6	5		4	

图 10-4

第四步，有时仅根据大于、小于的符号不能确定格中的唯一数字，例如，现在第二行、第三行空缺的（2，1）、（2，2）、（2，9）、（3，3）、（3，7）、（3，9）格中的数字，可以先不管它，继续其他各宫中解题。等其他宫中的数字确定后，这些未知数就可以确定了。最后答案如图10–5所示。

4	5	6	1	2	3	7	8	9
2	3	7	8	9	4	6	5	1
9	8	1	7	6	5	3	4	2
3	7	2	4	8	1	9	6	5
5	1	9	6	3	2	8	7	4
6	4	8	9	5	7	1	2	3
1	2	3	5	7	8	4	9	6
8	9	4	2	1	6	5	3	7
7	6	5	3	4	9	2	1	8

图 10-5

为了解题方便起见，在下面谜题中给出9个已知数。

三、谜题（NO.10-1～NO.10-12）

NO.10-1

	8			3			2	
	9			1			8	
	2			7			6	

NO.10-2

	2			1			3	
	7			6			2	
	3			4			8	

NO.10-3

	4			3			5	
	2			5			4	
	8			1			9	

NO.10-4

	2			7			8	
	1			9			2	
	8			3			4	

NO.10-5

	3			5			1	
	4			1			3	
	9			7			6	

NO.10-6

	9			7			1	
	4			5			9	
	1			3			2	

NO. 10-7

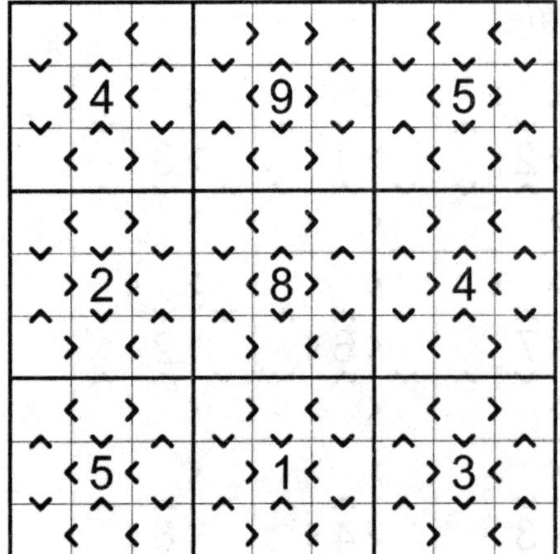

NO. 10-8

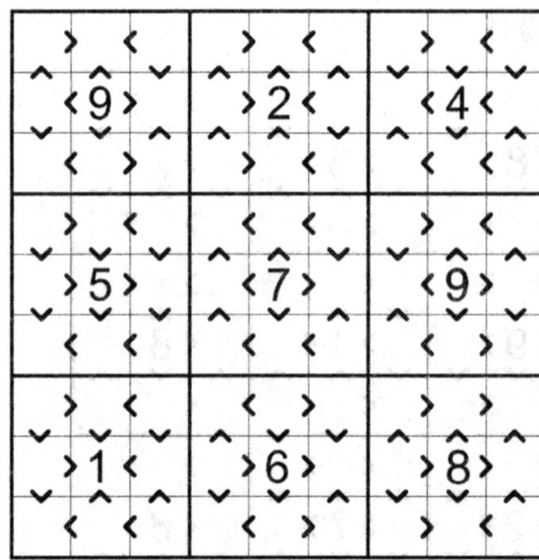

NO. 10-9

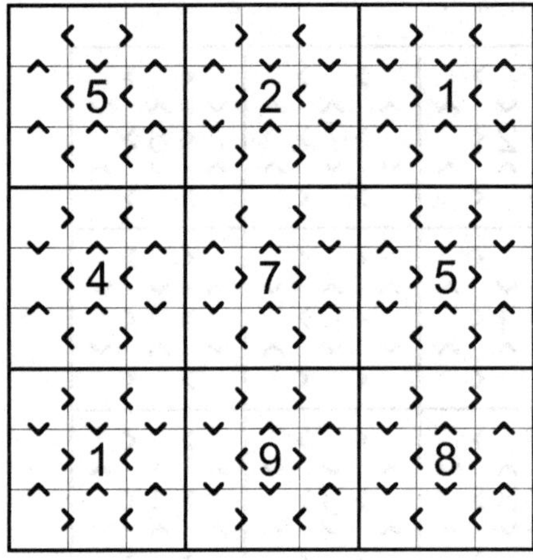

NO. 10-10

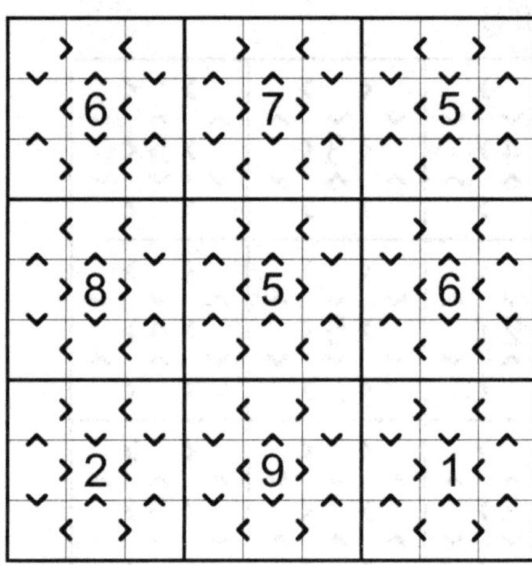

NO. 10-11

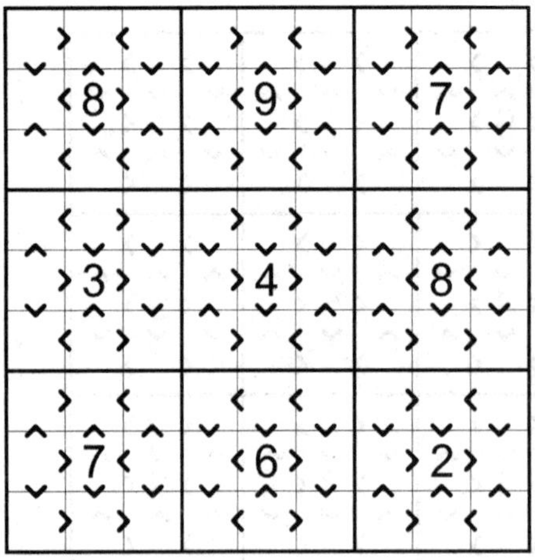

	8			9			7	
	3			4			8	
	7			6			2	

NO. 10-12

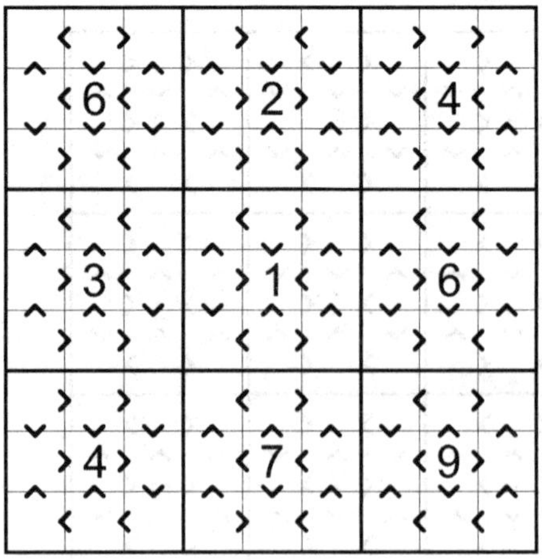

	6			2			4	
	3			1			6	
	4			7			9	

第十一章

九字(9×9)大小、奇偶数独

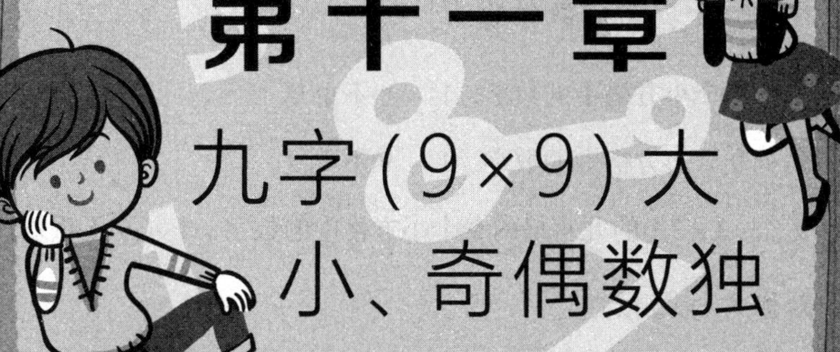

大小、奇偶数独是在标准数独的基础上发展起来的，其特征是：除了空格中的数字限制为奇数、偶数外，还限制了数的大小。就九宫阵而言，限制某数是小数1、2、3、4，某数为大数5、6、7、8、9。在数独的小方格中，除了已知数以外，其余各格都是用四种不同符号表示：奇数（□），偶数（○），大数（▷），小数（◁）。由于在数独空格中要填的数字是以上四种特定的数，所以，也有人将大小、奇偶数独称为“四特”数独。

一、九字大小、奇偶数独规则

（1）每行9个小方格中的数字，1 ~ 9不重复。

（2）每列9个小方格中的数字，1 ~ 9不重复。

（3）9个（3×3）的九宫格内9个小方格中的数字，1 ~ 9不重复。

二、解题方法与技巧

4	□	◁	5□	6○	◁3	○	□	1
◁	○	5	9▷	◁1	7□	2	○	○
▷	◁	6	8○	2	4	▷	9	◁
○	◁	3	○	▷	1	□	8	▷
5	□	9	○	◁	○	○	◁	○
◁	4	▷	7	5	○	3	▷	□
▷	▷	◁	3	◁		6	◁	□
9	◁	○	◁	□	○	◁	5	○
2	○	□	1	○	▷	□	◁	4

图11-1

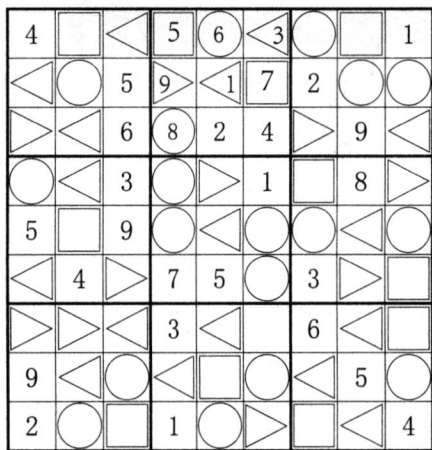

第一步，先看第二宫中（3，4）格，在第三行中已有2、4、6、9这4个数字，在第四列中已有1、3、7这3个数，把这两组数字结合起来，还缺5、8。由于（3，4）格中应是偶数，故（3，4）格中应是8，同时得到（1，5）格中应是6。（1，6）格和（2，5）格中是小数1和3，由于第六列中有1，故（1，6）格中应为3，（2，5）格中应为1。由于第二行中有5，所以（2，4）格和（2，6）格中不能为5，故只有（1，4）格中才能为5。在第二宫中，（2，4）格和（2，6）格中应填入9和7，在第四列中已有7，故（2，4）格中应为9，（2，6）格中应为7，如图11-1所示。

第二步，看第一行，该行中已有数字4、5、6、3、1这5个数字，还缺2、7、8、

9这4个数字，（1，7）格中是偶数，（1，2）格第（1，8）格中应填入数字7、9，（1，3）格和（1，7）格中应填入2、8，在第七列中已有2，故（1，3）格中应为2，（1，7）格中应为8。在第一宫中已有偶数2、4、6，故（2，2）格中的偶数应为8，（3，1）格中应为7，（1，2）格中应为9。在第二行中已有数字1，故在（2，1）格中应为3，（3，2）格中应为1，如图11-2所示。

4	□9	◁2	5	6	3	○8	□	1
◁3	○8	5	9	1	7	2	○	○
▷7	◁1	6	8	2	4	▷	9	◁
○	◁	3	○	▷	1	□	8	▷
5	□	9	○	◁	○	○	◁	○
◁	4	▷	7	5	○	3	▷	□
▷	▷	◁	3	◁	▷	6	◁	□
9	◁	○	◁	□	○	◁	5	○
2	○	□	1	○	▷	□	◁	4

图11-2

第三步，先看第一行，该行是“九缺一”，得到（1，8）格中应为7。在第三行中，尚缺3和5，在第七列中已有3，故在（3，7）格中应是大数5，（3，9）格中应是小数3。在第二行中，（2，8）格和（2，9）格中应填入4、6，由于第九列中已有4，故（2，9）格中应填入6，（2，8）格中应填入4，如图11-3所示。

4	9	2	5	6	3	○8	□7	1
3	8	5	9	1	7	2	○4	○6
7	1	6	8	2	4	▷5	9	◁3
○	◁	3	○	▷	1	□	8	▷
5	□	9	○	◁	○	○	◁	○
◁	4	▷	7	5	○	3	▷	□
▷	▷	◁	3	◁	▷	6	◁	□
9	◁	○	◁	□	○	◁	5	○
2	○	□	1	○	▷	□	◁	4

图11-3

第四步，按照上述方法可继续解题，得到最终结果，如图 11-4 所示。

4	9	2	5	6	3	8	7	1
3	8	5	9	1	7	2	4	6
7	1	6	8	2	4	5	9	3
6	2	3	4	9	1	7	8	5
5	7	9	6	3	8	4	1	2
1	4	8	7	5	2	3	6	9
8	5	1	3	4	9	6	2	7
9	3	4	2	7	6	1	5	8
2	6	7	1	8	5	9	3	4

图 11-4

三、谜题（NO.11-1 ~ NO.11-12）

NO.11-1

○	○	▷	6	▷	□	◁	○	1
▷	3	6	2	○	◁	▷	▷	9
7	◁	▷	◁	○	▷	○	4	○
◁	4	◁	▷	○	▷	○	□	◁
▷	□	○	□	1	8	6	3	○
○	□	▷	○	2	◁	▷	1	▷
○	8	7	◁	◁	○	□	6	▷
◁	▷	○	7	□	▷	◁	◁	○
□	6	◁	8	▷	○	4	▷	3

NO.11-2

◁	2	○	3	□	◁	7	▷	○
5	◁	3	◁	○	▷	□	○	◁
○	□	▷	○	▷	2	1	◁	4
◁	6	○	□	○	◁	▷	2	□
8	9	□	▷	◁	◁	◁	6	◁
○	◁	▷	◁	7	○	▷	○	▷
□	○	▷	○	◁	▷	○	9	◁
9	◁	1	▷	◁	○	2	7	▷
◁	5	○	7	4	□	▷	◁	○

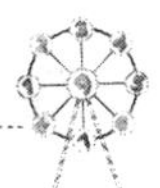

NO. 11-3

○	7	□	○	5	▷	4	◁	1
5	◁	3	□	▷	○	◁	○	□
◁	○	▷	◁	9	◁	○	▷	7
◁	○	4	◁	8	□	□	○	▷
○	□	▷	○	○	▷	◁	6	3
2	◁	5	6	▷	1	9	◁	○
◁	▷	2	□	4	▷	○	◁	○
□	○	◁	8	◁	6	▷	7	2
7	8	○	▷	◁	○	◁	9	◁

NO. 11-4

3	◁	○	▷	□	8	◁	7	○
9	4	▷	◁	▷	▷	○	◁	▷
□	○	▷	3	○	4	9	5	◁
○	▷	◁	□	○	▷	◁	◁	▷
▷	□	○	2	3	◁	6	4	□
◁	◁	9	6	○	▷	○	○	▷
8	▷	◁	□	▷	2	1	○	◁
○	□	◁	4	▷	◁	7	▷	○
4	2	▷	○	◁	○	▷	□	◁

NO. 11-5

8	1	○	○	▷	◁	▷	▷	9
○	▷	◁	◁	▷	□	□	○	3
□	9	◁	5	○	4	◁	▷	○
▷	○	5	4	○	▷	○	◁	1
4	▷	◁	◁	9	6	2	▷	8
◁	3	○	○	◁	▷	○	□	▷
◁	○	□	9	▷	○	◁	2	◁
▷	◁	8	□	◁	○	□	◁	○
◁	○	9	6	4	◁	8	▷	5

NO. 11-6

○	◁	5	4	□	◁	□	○	1
1	○	6	○	▷	▷	3	◁	▷
◁	□	▷	3	◁	○	▷	○	4
□	▷	4	◁	◁	○	6	□	2
▷	○	◁	9	2	□	◁	○	▷
9	○	◁	▷	○	▷	○	▷	3
○	7	○	▷	9	◁	○	1	▷
5	◁	□	○	▷	◁	□	◁	○
◁	▷	◁	7	○	1	4	▷	9

NO. 11-7

○	1	◁	▷	◁	7	4	○	□
9	▷	○	○	2	◁	◁	7	◁
□	4	◁	◁	□	○	○	▷	5
◁	○	5	9	◁	○	▷	◁	7
8	○	◁	4	□	3	9	□	○
◁	□	▷	○	▷	◁	○	3	◁
▷	3	6	2	○	◁	▷	□	8
○	9	○	□	8	▷	◁	1	○
◁	○	▷	◁	○	▷	5	○	◁

NO. 11-8

□	◁	7	○	▷	○	◁	3	○
5	▷	○	◁	◁	6	□	○	▷
◁	○	◁	7	□	4	1	▷	8
◁	3	○	□	4	○	▷	7	5
○	▷	6	▷	◁	▷	◁	○	◁
◁	7	□	8	○	◁	9	◁	○
▷	4	1	○	◁	5	8	□	◁
○	◁	◁	◁	□	9	▷	○	◁
6	▷	□	◁	○	◁	2	◁	▷

NO.11-9

□	○	◁	2	◁	▷	▷	○	7
8	○	2	4	□	▷	1	◁	□
◁	▷	5	○	○	◁	◁	9	○
7	□	6	◁	2	◁	○	5	○
◁	◁	○	5	7	○	◁	▷	9
○	▷	8	□	○	▷	◁	□	◁
4	○	◁	▷	6	□	□	○	◁
○	3	9	◁	▷	○	7	◁	○
▷	○	□	8	◁	◁	▷	◁	6

NO.11-10

▷	○	◁	3	○	▷	▷	9	1
1	3	□	□	○	6	○	▷	○
▷	6	○	4	◁	▷	◁	□	◁
○	◁	◁	◁	◁	7	□	6	▷
▷	□	4	6	▷	7	1	◁	○
○	▷	◁	□	◁	○	7	○	◁
◁	8	▷	○	▷	○	▷	◁	9
2	1	○	5	□	◁	○	○	□
○	▷	□	8	▷	◁	◁	2	6

NO.11-11

◁	9	○	○	◁	□	▷	6	○
○	○	▷	◁	◁	▷	□	▷	◁
7	▷	1	9	◁	○	○	◁	8
1	○	8	○	□	◁	○	5	7
○	◁	□	▷	7	◁	○	▷	2
5	▷	4	▷	8	○	◁	◁	□
○	◁	3	2	▷	□	▷	◁	○
◁	○	▷	7	○	○	◁	□	3
9	6	▷	◁	◁	4	8	○	▷

NO.11-12

▷	◁	8	○	◁	▷	7	□	◁
2	○	○	9	□	◁	▷	○	◁
□	◁	9	◁	▷	○	6	○	4
◁	▷	○	□	▷	3	4	▷	6
○	□	◁	▷	○	5	◁	◁	□
◁	▷	5	6	◁	○	○	◁	9
□	▷	◁	○	6	□	3	◁	○
8	○	7	◁	◁	○	□	▷	□
◁	4	○	▷	8	9	◁	7	2

答案

NO. 1-1

3	2	8	9	5	6	1	7	4
7	6	5	1	8	4	3	9	2
1	9	4	7	3	2	8	5	6
4	1	7	2	6	8	5	3	9
6	3	9	5	4	7	2	8	1
8	5	2	3	1	9	6	4	7
5	7	3	6	9	1	4	2	8
9	8	1	4	2	3	7	6	5
2	4	6	8	7	5	9	1	3

NO. 1-2

2	8	7	4	6	5	1	9	3
1	9	5	7	2	3	4	6	8
6	3	4	9	8	1	7	5	2
3	6	1	8	4	9	2	7	5
8	7	2	5	3	6	9	4	1
5	4	9	2	1	7	3	8	6
4	2	6	1	7	8	5	3	9
7	5	3	6	9	2	8	1	4
9	1	8	3	5	4	6	2	7

NO. 1-3

2	7	9	5	1	6	3	8	4
8	3	4	7	2	9	1	6	5
5	6	1	8	3	4	7	9	2
1	5	7	3	9	8	2	4	6
3	4	8	2	6	1	5	7	9
6	9	2	4	7	5	8	3	1
7	8	6	1	4	2	9	5	3
4	1	3	9	5	7	6	2	8
9	2	5	6	8	3	4	1	7

NO. 1-4

2	5	6	9	1	7	8	4	3
9	7	4	6	3	8	1	2	5
8	3	1	2	4	5	6	7	9
5	6	3	8	2	9	4	1	7
7	1	9	5	6	4	3	8	2
4	2	8	1	7	3	5	9	6
6	8	5	4	9	2	7	3	1
3	4	2	7	5	1	9	6	8
1	9	7	3	8	6	2	5	4

NO. 1-5

3	8	4	7	9	2	5	6	1
9	5	6	8	1	3	2	4	7
7	2	1	4	5	6	9	8	3
5	7	9	6	2	4	3	1	8
8	4	3	5	7	1	6	2	9
6	1	2	9	3	8	7	5	4
2	9	8	3	4	5	1	7	6
1	6	7	2	8	9	4	3	5
4	3	5	1	6	7	8	9	2

NO. 1-6

9	4	1	3	2	7	5	6	8
2	8	3	5	6	9	7	4	1
6	5	7	8	4	1	9	2	3
5	2	8	1	9	3	4	7	6
1	7	4	6	8	2	3	9	5
3	9	6	4	7	5	8	1	2
4	6	2	7	5	8	1	3	9
7	3	5	9	1	6	2	8	4
8	1	9	2	3	4	6	5	7

NO. 1-7

9	3	8	7	5	4	1	2	6
6	4	5	2	9	1	8	3	7
7	2	1	3	8	6	9	5	4
3	5	9	8	1	7	6	4	2
8	6	4	5	2	9	3	7	1
2	1	7	6	4	3	5	9	8
5	9	2	4	6	8	7	1	3
4	8	3	1	7	5	2	6	9
1	7	6	9	3	2	4	8	5

NO. 1-8

6	5	4	9	8	1	7	3	2
9	1	3	7	2	6	8	5	4
2	8	7	3	4	5	6	1	9
4	6	8	2	1	9	3	7	5
5	3	2	8	6	7	4	9	1
7	9	1	4	5	3	2	8	6
1	7	9	6	3	4	5	2	8
3	2	6	5	9	8	1	4	7
8	4	5	1	7	2	9	6	3

NO. 1-9

9	8	5	6	7	4	1	2	3
3	6	2	8	5	1	7	9	4
4	7	1	2	9	3	5	6	8
5	1	9	3	2	6	8	4	7
8	2	7	4	1	9	6	3	5
6	4	3	5	8	7	9	1	2
1	5	4	9	3	8	2	7	6
2	9	6	7	4	5	3	8	1
7	3	8	1	6	2	4	5	9

NO. 1-10

5	4	8	3	9	2	7	1	6
1	6	2	7	8	5	4	9	3
9	3	7	1	4	6	8	5	2
6	5	9	8	3	4	1	2	7
4	7	3	6	2	1	9	8	5
2	8	1	5	7	9	6	3	4
7	2	4	9	5	8	3	6	1
8	1	5	4	6	3	2	7	9
3	9	6	2	1	7	5	4	8

NO. 1-11

7	2	9	4	6	3	8	1	5
3	1	8	9	5	2	6	7	4
5	6	4	1	7	8	2	9	3
9	4	6	8	3	1	7	5	2
1	8	5	6	2	7	3	4	9
2	3	7	5	4	9	1	6	8
8	5	3	7	9	6	4	2	1
4	7	2	3	1	5	9	8	6
6	9	1	2	8	4	5	3	7

NO. 1-12

7	9	8	2	5	4	6	1	3
3	1	4	6	7	9	2	8	5
2	6	5	1	3	8	9	4	7
9	2	3	4	8	1	7	5	6
1	8	6	5	9	7	3	2	4
4	5	7	3	6	2	8	9	1
5	7	1	9	2	6	4	3	8
8	3	2	7	4	5	1	6	9
6	4	9	8	1	3	5	7	2

NO. 1-13

6	4	3	9	2	5	7	8	1
2	9	5	1	8	7	4	6	3
1	8	7	4	6	3	5	9	2
8	6	9	7	4	1	2	3	5
3	7	2	8	5	9	6	1	4
5	1	4	6	3	2	8	7	9
9	5	1	2	7	8	3	4	6
4	2	8	3	1	6	9	5	7
7	3	6	5	9	4	1	2	8

NO. 1-14

7	9	6	2	3	1	5	8	4
3	8	4	7	5	9	6	2	1
1	5	2	4	8	6	7	3	9
9	4	3	6	1	2	8	7	5
5	2	7	8	9	4	3	1	6
8	6	1	5	7	3	9	4	2
6	1	9	3	4	8	2	5	7
4	7	8	9	2	5	1	6	3
2	3	5	1	6	7	4	9	8

NO. 1-15

9	7	1	5	2	8	6	3	4
3	8	5	9	4	6	2	7	1
4	2	6	7	1	3	5	8	9
1	4	8	2	6	7	3	9	5
6	9	3	4	8	5	1	2	7
2	5	7	1	3	9	4	6	8
8	3	4	6	9	1	7	5	2
7	6	2	8	5	4	9	1	3
5	1	9	3	7	2	8	4	6

NO. 1-16

6	9	5	4	1	7	8	3	2
4	1	8	2	3	9	5	7	6
2	7	3	6	8	5	4	1	9
8	2	6	9	5	3	7	4	1
7	5	4	1	2	8	9	6	3
9	3	1	7	6	4	2	8	5
1	6	9	8	4	2	3	5	7
3	4	2	5	7	6	1	9	8
5	8	7	3	9	1	6	2	4

NO. 1-17

4	2	5	3	6	1	8	7	9
9	6	7	5	2	8	4	3	1
8	1	3	7	9	4	5	2	6
1	4	8	6	7	5	3	9	2
7	5	9	4	3	2	6	1	8
2	3	6	1	8	9	7	4	5
6	9	2	8	4	3	1	5	7
5	7	4	9	1	6	2	8	3
3	8	1	2	5	7	9	6	4

NO. 1-18

7	4	6	1	3	8	5	2	9
9	3	2	6	4	5	7	8	1
1	5	8	2	9	7	6	3	4
4	9	3	8	5	1	2	7	6
6	8	1	3	7	2	4	9	5
5	2	7	4	6	9	3	1	8
8	6	9	7	2	4	1	5	3
3	7	5	9	1	6	8	4	2
2	1	4	5	8	3	9	6	7

NO. 1-19

4	6	7	5	8	2	9	1	3
3	5	9	1	4	7	8	6	2
8	2	1	3	6	9	7	4	5
1	9	3	4	2	6	5	7	8
2	4	8	7	5	3	1	9	6
6	7	5	8	9	1	3	2	4
5	8	6	9	1	4	2	3	7
7	1	4	2	3	8	6	5	9
9	3	2	6	7	5	4	8	1

NO. 1-20

8	1	4	6	5	7	9	3	2
9	7	5	4	2	3	1	6	8
6	2	3	1	9	8	4	7	5
2	6	9	8	3	4	5	1	7
4	5	7	9	6	1	8	2	3
1	3	8	2	7	5	6	9	4
5	4	2	3	1	6	7	8	9
7	9	6	5	8	2	3	4	1
3	8	1	7	4	9	2	5	6

NO. 1-21

3	4	9	1	8	5	6	2	7
1	6	8	2	3	7	5	4	9
7	5	2	9	4	6	8	3	1
9	8	6	4	7	2	3	1	5
5	3	7	6	9	1	2	8	4
4	2	1	8	5	3	7	9	6
6	7	4	3	1	8	9	5	2
2	9	3	5	6	4	1	7	8
8	1	5	7	2	9	4	6	3

NO. 1-22

2	8	3	5	6	9	7	4	1
6	5	7	8	4	1	9	2	3
9	4	1	3	2	7	5	6	8
1	7	4	6	8	2	3	9	5
3	9	6	4	7	5	8	1	2
5	2	8	1	9	3	4	7	6
7	3	5	9	1	6	2	8	4
8	1	9	2	3	4	6	5	7
4	6	2	7	5	8	1	3	9

NO. 1-23

4	6	7	5	9	2	1	3	8
3	9	1	6	4	8	5	7	2
5	2	8	7	3	1	9	6	4
1	5	2	3	6	7	8	4	9
6	4	3	9	8	5	2	1	7
8	7	9	1	2	4	6	5	3
7	8	4	2	5	6	3	9	1
2	3	6	4	1	9	7	8	5
9	1	5	8	7	3	4	2	6

NO. 1-24

9	5	6	1	7	8	4	2	3
4	7	8	3	6	2	9	1	5
3	1	2	4	9	5	6	7	8
1	9	4	2	3	7	8	5	6
2	6	7	8	5	9	1	3	4
5	8	3	6	4	1	2	9	7
7	2	5	9	8	4	3	6	1
8	3	1	5	2	6	7	4	9
6	4	9	7	1	3	5	8	2

NO. 1-25

7	6	5	2	8	4	1	9	3
2	1	9	6	3	7	8	5	4
3	4	8	9	5	1	7	2	6
8	7	2	4	9	3	6	1	5
9	5	6	8	1	2	3	4	7
1	3	4	7	6	5	2	8	9
6	2	7	5	4	8	9	3	1
4	9	1	3	2	6	5	7	8
5	8	3	1	7	9	4	6	2

NO. 1-26

6	9	2	5	7	3	4	8	1
8	3	4	1	2	9	6	7	5
5	7	1	4	6	8	9	3	2
4	6	9	2	3	7	5	1	8
2	8	5	6	1	4	3	9	7
7	1	3	8	9	5	2	4	6
3	5	7	9	8	6	1	2	4
1	4	8	3	5	2	7	6	9
9	2	6	7	4	1	8	5	3

NO. 1-27

4	1	9	2	7	3	6	8	5
8	3	2	6	9	5	4	1	7
5	7	6	4	1	8	2	3	9
2	8	5	9	3	1	7	6	4
7	4	1	8	2	6	9	5	3
9	6	3	7	5	4	1	2	8
6	2	4	5	8	7	3	9	1
3	5	7	1	6	9	8	4	2
1	9	8	3	4	2	5	7	6

NO. 1-28

3	7	6	1	8	2	4	9	5
4	5	9	7	3	6	2	1	8
1	2	8	5	4	9	3	6	7
6	1	4	2	5	3	8	7	9
7	8	3	6	9	1	5	4	2
2	9	5	8	7	4	1	3	6
5	3	1	9	2	7	6	8	4
9	4	2	3	6	8	7	5	1
8	6	7	4	1	5	9	2	3

NO. 1-29

3	8	6	2	4	9	7	5	1
7	1	5	3	6	8	4	2	9
9	4	2	7	5	1	3	8	6
6	2	7	8	3	4	9	1	5
8	3	9	5	1	2	6	4	7
1	5	4	6	9	7	8	3	2
2	7	3	1	8	6	5	9	4
5	9	1	4	7	3	2	6	8
4	6	8	9	2	5	1	7	3

NO. 1-30

6	1	9	3	5	4	2	7	8
2	7	3	1	6	8	4	5	9
5	8	4	9	7	2	1	3	6
1	4	5	7	3	9	8	6	2
7	9	8	2	1	6	3	4	5
3	2	6	8	4	5	7	9	1
4	5	7	6	2	1	9	8	3
8	3	2	5	9	7	6	1	4
9	6	1	4	8	3	5	2	7

NO. 1-31

1	9	5	8	6	3	4	2	7
6	3	2	1	4	7	5	8	9
4	7	8	2	5	9	3	1	6
2	4	6	7	1	5	8	9	3
3	8	9	6	2	4	1	7	5
5	1	7	9	3	8	6	4	2
7	5	4	3	8	2	9	6	1
9	6	3	4	7	1	2	5	8
8	2	1	5	9	6	7	3	4

NO. 1-32

9	1	4	2	3	7	5	8	6
2	3	8	6	5	9	7	1	4
6	7	5	4	8	1	9	3	2
5	8	2	9	1	3	4	6	7
1	4	7	8	6	2	3	5	9
3	6	9	7	4	5	8	2	1
4	2	6	5	7	8	1	9	3
7	5	3	1	9	6	2	4	8
8	9	1	3	2	4	6	7	5

NO. 1-33

7	4	9	3	1	6	8	2	5
2	6	3	8	4	5	9	1	7
8	1	5	9	7	2	3	4	6
5	2	8	7	3	4	1	6	9
6	3	1	5	9	8	4	7	2
4	9	7	2	6	1	5	3	8
1	5	2	6	8	3	7	9	4
9	8	4	1	2	7	6	5	3
3	7	6	4	5	9	2	8	1

NO. 1-34

2	6	4	5	1	3	8	7	9
5	3	8	7	9	6	1	2	4
9	1	7	2	4	8	5	6	3
4	9	6	3	8	2	7	1	5
1	7	2	4	5	9	6	3	8
8	5	3	6	7	1	9	4	2
6	8	1	9	2	4	3	5	7
3	2	5	8	6	7	4	9	1
7	4	9	1	3	5	2	8	6

NO. 1-35

5	8	3	1	2	6	7	4	9
4	9	6	7	8	5	2	1	3
2	7	1	9	3	4	5	6	8
7	1	9	4	6	8	3	5	2
3	4	2	5	9	1	8	7	6
6	5	8	2	7	3	1	9	4
1	6	4	3	5	2	9	8	7
9	2	5	8	4	7	6	3	1
8	3	7	6	1	9	4	2	5

NO. 1-36

7	6	8	2	1	9	3	5	4
1	9	3	5	7	4	8	6	2
4	5	2	6	3	8	9	1	7
5	8	4	7	9	6	1	2	3
9	2	7	1	5	3	4	8	6
6	3	1	8	4	2	5	7	9
8	1	9	3	6	7	2	4	5
3	7	5	4	2	1	6	9	8
2	4	6	9	8	5	7	3	1

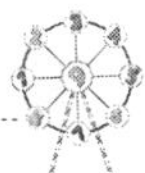

NO.1-37

5	7	1	9	2	6	4	3	8
8	3	2	7	4	5	1	6	9
6	4	9	8	1	3	5	7	2
7	9	8	2	5	4	6	1	3
3	1	4	6	7	9	2	8	5
2	6	5	1	3	8	9	4	7
9	2	3	4	8	1	7	5	6
1	8	6	5	9	7	3	2	4
4	5	7	3	6	2	8	9	1

NO.1-38

6	5	8	3	2	4	9	7	1
4	9	2	8	7	1	3	5	6
7	3	1	6	9	5	2	8	4
1	6	7	4	8	3	5	9	2
3	4	5	2	1	9	8	6	7
8	2	9	7	5	6	4	1	3
5	1	4	9	3	7	6	2	8
2	7	6	5	4	8	1	3	9
9	8	3	1	6	2	7	4	5

NO.1-39

7	3	8	1	9	4	2	5	6
6	2	1	8	3	5	7	4	9
5	4	9	2	6	7	1	8	3
4	1	5	9	2	3	8	6	7
3	9	6	7	4	8	5	2	1
8	7	2	5	1	6	3	9	4
2	6	7	4	5	1	9	3	8
1	5	4	3	8	9	6	7	2
9	8	3	6	7	2	4	1	5

NO.1-40

4	6	7	5	2	3	8	9	1
9	2	8	6	1	7	4	5	3
3	1	5	4	9	8	7	6	2
7	8	6	9	3	2	1	4	5
1	9	2	7	5	4	6	3	8
5	3	4	1	8	6	2	7	9
6	5	1	8	4	9	3	2	7
2	4	9	3	7	1	5	8	6
8	7	3	2	6	5	9	1	4

NO.1-41

7	1	2	5	3	4	9	6	8
9	4	8	1	6	2	5	3	7
5	6	3	9	7	8	2	1	4
8	5	6	3	4	9	1	7	2
4	3	1	7	2	5	6	8	9
2	9	7	6	8	1	4	5	3
1	7	4	8	9	6	3	2	5
3	2	5	4	1	7	8	9	6
6	8	9	2	5	3	7	4	1

NO.1-42

9	7	2	3	4	6	5	8	1
8	3	1	2	9	5	4	6	7
4	5	6	8	1	7	3	2	9
6	9	4	1	8	3	2	7	5
5	1	8	7	6	2	9	3	4
7	2	3	9	5	4	8	1	6
3	8	5	6	7	9	1	4	2
2	4	7	5	3	1	6	9	8
1	6	9	4	2	8	7	5	3

NO.1-43

5	3	9	4	1	7	2	6	8
2	8	1	6	3	9	5	4	7
6	4	7	8	5	2	3	1	9
4	2	8	5	7	3	6	9	1
7	6	5	9	8	1	4	2	3
9	1	3	2	4	6	8	7	5
1	7	4	3	2	8	9	5	6
3	9	2	7	6	5	1	8	4
8	5	6	1	9	4	7	3	2

NO.1-44

9	6	7	5	2	8	4	3	1
8	1	3	7	9	4	5	2	6
4	2	5	3	6	1	8	7	9
7	5	9	4	3	2	6	1	8
2	3	6	1	8	9	7	4	5
1	4	8	6	7	5	3	9	2
5	7	4	9	1	6	2	8	3
3	8	1	2	5	7	9	6	4
6	9	2	8	4	3	1	5	7

NO.1-45

1	5	8	2	9	7	6	3	4
7	4	6	1	8	3	5	2	9
9	3	2	6	4	5	7	8	1
5	2	7	4	6	9	3	1	8
4	9	3	8	5	1	2	7	6
6	8	1	3	7	2	4	9	5
2	1	4	5	3	8	9	6	7
8	6	9	7	2	4	1	5	3
3	7	5	9	1	6	8	4	2

NO.1-46

9	5	3	7	4	1	8	2	6
1	2	8	9	6	3	7	5	4
7	6	4	2	8	5	9	3	1
8	4	2	3	5	7	1	6	9
5	7	6	1	9	8	3	4	2
3	9	1	6	2	4	5	8	7
4	1	7	8	3	2	6	9	5
2	3	9	5	7	6	4	1	8
6	8	5	4	1	9	2	7	3

NO.1-47

7	4	9	6	8	1	3	5	2
1	3	5	2	7	9	8	6	4
2	6	8	3	5	4	9	7	1
8	5	2	7	3	6	1	4	9
4	1	6	9	2	8	7	3	5
9	7	3	4	1	5	6	2	8
3	2	4	1	9	7	5	8	6
5	9	7	8	6	2	4	1	3
6	8	1	5	4	3	2	9	7

NO.1-48

3	2	7	5	6	8	9	4	1
5	6	9	7	4	1	2	8	3
8	4	1	9	2	3	6	5	7
1	9	3	4	7	6	5	2	8
6	8	2	3	9	5	1	7	4
4	7	5	8	1	2	3	9	6
7	5	8	1	3	9	4	6	2
9	1	6	2	8	4	7	3	5
2	3	4	6	5	7	8	1	9

NO. 1-49

5	1	7	9	6	2	4	8	3
8	2	3	7	5	4	1	9	6
6	9	4	8	3	1	5	2	7
7	8	9	2	4	5	6	3	1
3	4	1	6	9	7	2	5	8
2	5	6	1	8	3	9	7	4
9	3	2	4	1	8	7	6	5
1	6	8	5	7	9	3	4	2
4	7	5	3	2	6	8	1	9

NO. 1-50

1	6	8	9	7	5	4	2	3
4	7	5	6	2	3	1	9	8
9	3	2	8	1	4	6	5	7
8	2	3	4	5	7	9	6	1
6	9	4	1	3	8	2	7	5
5	1	7	2	6	9	8	3	4
3	4	1	7	9	6	5	8	2
2	5	6	3	8	1	7	4	9
7	8	9	5	4	2	3	1	6

NO. 2-1

1	8	6	2	9	4	7	3	5
3	7	9	6	5	8	1	2	4
5	4	2	3	7	1	8	6	9
9	2	4	5	8	3	6	1	7
8	6	1	9	4	7	3	5	2
7	3	5	1	2	6	4	9	8
2	1	7	8	3	5	9	4	6
4	9	3	7	6	2	5	8	1
6	5	8	4	1	9	2	7	3

NO. 2-2

2	7	4	1	6	9	5	3	8
3	5	6	7	8	2	4	1	9
8	9	1	3	4	5	7	2	6
5	4	7	8	1	3	9	6	2
1	8	2	6	9	7	3	5	4
6	3	9	2	5	4	1	8	7
7	2	5	9	3	8	6	4	1
9	6	3	4	2	1	8	7	5
4	1	8	5	7	6	2	9	3

NO. 2-3

5	4	7	2	1	9	8	6	3
8	2	6	3	7	4	5	9	1
3	9	1	8	5	6	2	4	7
1	8	4	7	9	5	6	3	2
9	7	3	1	6	2	4	5	8
6	5	2	4	8	3	7	1	9
2	3	8	6	4	1	9	7	5
4	1	5	9	2	7	3	8	6
7	6	9	5	3	8	1	2	4

NO. 2-4

1	8	2	7	5	6	9	4	3
7	9	6	3	1	4	8	5	2
4	3	5	9	8	2	7	6	1
6	7	8	2	9	1	5	3	4
9	2	3	4	6	5	1	8	7
5	1	4	8	7	3	2	9	6
8	6	9	1	3	7	4	2	5
3	4	1	5	2	8	6	7	9
2	5	7	6	4	9	3	1	8

NO. 2-5

9	8	3	2	7	1	4	5	6
6	5	7	9	4	8	3	1	2
4	2	1	5	6	3	8	9	7
7	1	6	3	5	9	2	4	8
5	4	9	8	2	7	6	3	1
2	3	8	4	1	6	5	7	9
8	6	5	1	9	4	7	2	3
1	7	4	6	3	2	9	8	5
3	9	2	7	8	5	1	6	4

NO. 2-6

3	1	7	8	6	4	9	5	2
9	8	5	2	7	1	3	4	6
2	4	6	9	3	5	8	1	7
6	9	1	7	4	3	5	2	8
4	7	2	6	5	8	1	3	9
5	3	8	1	9	2	7	6	4
8	2	9	5	1	6	4	7	3
1	6	3	4	8	7	2	9	5
7	5	4	3	2	9	6	8	1

NO. 2-7

5	9	7	6	4	2	3	8	1
3	6	8	1	7	9	5	2	4
1	2	4	3	5	8	6	9	7
4	3	9	7	2	5	8	1	6
2	7	1	4	8	6	9	5	3
8	5	6	9	3	1	7	4	2
6	1	3	8	9	4	2	7	5
9	4	5	2	6	7	1	3	8
7	8	2	5	1	3	4	6	9

NO. 2-8

7	2	1	6	9	8	4	5	3
4	6	5	3	1	2	7	8	9
3	8	9	4	7	5	6	2	1
9	4	2	1	8	7	5	3	6
8	1	3	9	5	6	2	7	4
5	7	6	2	4	3	1	9	8
6	3	4	5	2	9	8	1	7
2	9	7	8	6	1	3	4	5
1	5	8	7	3	4	9	6	2

NO. 2-9

1	9	4	2	5	7	6	8	3
8	6	5	9	3	1	4	2	7
3	7	2	8	4	6	9	1	5
6	4	9	3	2	8	7	5	1
2	3	1	5	7	9	8	6	4
5	8	7	1	6	4	2	3	9
9	1	6	7	8	3	5	4	2
7	5	8	4	1	2	3	9	6
4	2	3	6	9	5	1	7	8

NO.2-10

9	5	1	7	8	6	2	3	4
2	3	8	9	4	5	1	6	7
4	7	6	3	1	2	5	9	8
8	2	7	1	3	9	6	4	5
6	4	9	5	7	8	3	2	1
3	1	5	2	6	4	7	8	9
5	9	3	4	2	7	8	1	6
7	8	2	6	9	1	4	5	3
1	6	4	8	5	3	9	7	2

NO.2-11

2	1	7	5	3	8	6	9	4
3	4	6	7	9	1	5	8	2
8	5	9	2	6	4	7	3	1
1	6	5	3	8	9	2	4	7
7	9	2	4	5	6	8	1	3
4	3	8	1	2	7	9	5	6
9	8	3	6	4	2	1	7	5
5	2	1	8	7	3	4	6	9
6	7	4	9	1	5	3	2	8

NO.2-12

7	5	8	4	9	3	1	6	2
3	2	4	8	1	6	7	5	9
1	6	9	2	7	5	8	3	4
6	4	7	1	5	9	2	8	3
8	1	5	7	3	2	4	9	6
2	9	3	6	4	8	5	7	1
5	3	1	9	8	4	6	2	7
9	7	6	5	2	1	3	4	8
4	8	2	3	6	7	9	1	5

NO.2-13

9	2	4	6	1	8	3	7	5
7	3	1	2	5	4	9	8	6
5	6	8	9	3	7	2	4	1
3	7	5	4	8	9	6	1	2
2	4	9	3	6	1	7	5	8
1	8	6	7	2	5	4	9	3
8	9	3	5	7	2	1	6	4
6	1	7	8	4	3	5	2	9
4	5	2	1	9	6	8	3	7

NO.2-14

2	3	8	5	1	6	7	9	4
7	5	9	4	8	3	2	6	1
4	6	1	7	2	9	5	3	8
1	7	3	8	6	2	9	4	5
6	8	4	1	9	5	3	2	7
9	2	5	3	7	4	8	1	6
5	4	7	9	3	1	6	8	2
3	1	2	6	5	8	4	7	9
8	9	6	2	4	7	1	5	3

NO.2-15

5	8	3	1	9	6	2	4	7
4	2	9	8	7	5	3	1	6
7	6	1	4	3	2	8	5	9
2	3	8	7	1	4	6	9	5
1	7	5	9	6	8	4	2	3
9	4	6	5	2	3	1	7	8
8	5	2	6	4	7	9	3	1
6	9	4	3	5	1	7	8	2
3	1	7	2	8	9	5	6	4

NO.2-16

9	2	4	5	3	6	7	1	8
7	5	6	1	4	8	2	9	3
3	8	1	2	7	9	4	6	5
2	6	7	3	5	1	8	4	9
1	4	9	8	2	7	3	5	6
8	3	5	6	9	4	1	7	2
4	9	3	7	8	5	6	2	1
6	7	2	9	1	3	5	8	4
5	1	8	4	6	2	9	3	7

NO.2-17

1	2	4	5	6	3	7	9	8
7	5	6	9	4	8	2	1	3
3	8	9	2	7	1	6	5	4
6	1	7	3	5	9	8	4	2
9	4	5	8	2	7	1	3	6
8	3	2	4	1	6	9	7	5
2	9	3	7	8	5	4	6	1
4	7	1	6	3	2	5	8	9
5	6	8	1	9	4	3	2	7

NO.2-18

3	9	2	6	4	5	8	1	7
1	8	4	9	7	3	2	6	5
7	5	6	1	2	8	9	3	4
8	2	9	7	6	1	5	4	3
6	7	3	4	5	9	1	8	2
4	1	5	3	8	2	6	7	9
9	3	8	5	1	7	4	2	6
5	4	1	2	3	6	7	9	8
2	6	7	8	9	4	3	5	1

NO.2-19

5	3	1	4	2	8	6	9	7
9	6	2	3	7	5	1	4	8
7	8	4	9	1	6	3	5	2
6	1	3	7	4	9	8	2	5
4	7	5	2	8	3	9	6	1
2	9	8	5	6	1	4	7	3
3	5	6	8	9	7	2	1	4
8	2	9	1	5	4	7	3	6
1	4	7	6	3	2	5	8	9

NO.2-20

7	4	3	9	8	5	6	2	1
2	6	8	4	1	7	3	9	5
1	5	9	2	3	6	4	7	8
6	3	4	1	9	2	5	8	7
9	1	7	8	5	4	2	6	3
8	2	5	7	6	3	9	1	4
4	7	6	5	2	1	8	3	9
5	8	2	3	7	9	1	4	6
3	9	1	6	4	8	7	5	2

NO.2-21

9	1	6	8	5	3	4	2	7
2	4	5	1	7	9	6	8	3
7	3	8	2	6	4	1	9	5
4	6	1	7	8	2	3	5	9
8	7	9	5	3	1	2	4	6
5	2	3	9	4	6	8	7	1
1	9	4	3	2	7	5	6	8
3	5	2	6	9	8	7	1	4
6	8	7	4	1	5	9	3	2

NO. 2-22

9	5	1	6	8	7	3	2	4
2	3	8	5	4	9	1	6	7
4	7	6	2	1	3	5	9	8
3	1	5	4	6	2	7	8	9
6	4	9	8	7	5	2	3	1
8	2	7	9	3	1	6	4	5
5	9	3	7	2	4	8	1	6
7	8	2	1	9	6	4	5	3
1	6	4	3	5	8	9	7	2

NO. 2-23

3	6	1	8	9	2	5	7	4
7	8	5	1	6	4	9	3	2
2	4	9	7	5	3	1	6	8
5	3	7	2	8	9	4	1	6
6	1	4	3	7	5	2	8	9
9	2	8	6	4	1	7	5	3
4	7	2	5	3	8	6	9	1
1	5	3	9	2	6	8	4	7
8	9	6	4	1	7	3	2	5

NO. 2-24

1	6	2	7	5	3	8	4	9
4	8	5	1	9	6	2	3	7
9	7	3	8	2	4	6	1	5
5	4	7	2	8	1	3	9	6
3	9	1	6	7	5	4	8	2
8	2	6	4	3	9	7	5	1
6	1	8	9	4	7	5	2	3
7	5	4	3	1	2	9	6	8
2	3	9	5	6	8	1	7	4

NO. 2-25

1	8	6	4	9	2	7	3	5
3	7	9	8	5	6	1	2	4
5	4	2	1	7	3	8	6	9
7	3	5	6	2	1	4	9	8
8	6	1	7	4	9	3	5	2
9	2	4	3	8	5	6	1	7
2	1	7	5	3	8	9	4	6
4	9	3	2	6	7	5	8	1
6	5	8	9	1	4	2	7	3

NO. 2-26

1	8	3	6	2	5	9	7	4
9	6	7	4	3	8	1	5	2
4	5	2	9	1	7	6	8	3
2	9	8	3	5	1	7	4	6
5	3	4	2	7	6	8	1	9
7	1	6	8	9	4	3	2	5
6	4	9	7	8	2	5	3	1
8	2	1	5	6	3	4	9	7
3	7	5	1	4	9	2	6	8

NO. 2-27

5	2	7	9	1	4	8	6	3
6	8	1	2	3	5	7	9	4
3	4	9	6	7	8	2	5	1
8	7	2	3	9	6	4	1	5
9	3	5	1	4	2	6	8	7
1	6	4	5	8	7	9	3	2
2	5	8	4	6	3	1	7	9
4	1	6	7	5	9	3	2	8
7	9	3	8	2	1	5	4	6

NO. 2-28

1	8	3	2	7	9	5	6	4
6	5	7	1	4	8	3	9	2
4	2	9	5	3	6	8	1	7
7	6	2	3	5	1	9	4	8
9	4	1	8	2	7	6	5	3
5	3	8	6	9	4	2	7	1
8	1	5	4	6	2	7	3	9
2	7	6	9	1	3	4	8	5
3	9	4	7	8	5	1	2	6

NO. 2-29

9	8	6	5	4	7	3	1	2
3	5	4	1	6	2	8	9	7
7	2	1	8	3	9	4	5	6
4	9	3	7	5	1	2	6	8
1	6	5	2	8	3	9	7	4
2	7	8	6	9	4	1	3	5
8	1	7	3	2	5	6	4	9
6	3	9	4	7	8	5	2	1
5	4	2	9	1	6	7	8	3

NO. 2-30

7	1	8	4	6	5	2	9	3
9	2	6	1	3	7	8	4	5
3	5	4	9	8	2	1	7	6
2	8	1	3	4	9	5	6	7
4	3	7	6	5	1	9	2	8
6	9	5	7	2	8	4	3	1
1	7	2	5	9	3	6	8	4
5	6	9	8	7	4	3	1	2
8	4	3	2	1	6	7	5	9

NO. 2-31

5	7	9	6	8	2	4	1	3
1	4	8	7	3	5	9	6	2
3	2	6	1	9	4	7	5	8
4	9	7	3	6	1	2	8	5
6	3	5	8	2	7	1	4	9
8	1	2	5	4	9	6	3	7
7	5	4	2	1	3	8	9	6
2	8	1	9	5	6	3	7	4
9	6	3	4	7	8	5	2	1

NO. 2-32

3	6	7	1	2	5	4	8	9
8	4	2	6	9	3	7	1	5
9	5	1	8	7	4	6	3	2
4	7	6	9	1	8	5	2	3
1	9	3	2	5	6	8	4	7
2	8	5	3	4	7	1	9	6
6	3	4	5	8	9	2	7	1
5	2	8	7	3	1	9	6	4
7	1	9	4	6	2	3	5	8

NO. 2-33

9	2	7	4	8	5	1	3	6
1	4	3	6	7	2	9	5	8
6	5	8	1	9	3	4	2	7
8	1	2	7	5	9	3	6	4
5	7	6	8	3	4	2	9	1
3	9	4	2	1	6	7	8	5
4	6	1	3	2	8	5	7	9
2	8	9	5	4	7	6	1	3
7	3	5	9	6	1	8	4	2

NO. 2-34

9	5	2	4	8	3	1	6	7
1	3	4	7	2	6	5	9	8
8	7	6	9	1	5	2	4	3
7	8	3	2	9	4	6	1	5
6	2	9	1	5	7	8	3	4
5	4	1	6	3	8	7	2	9
2	9	8	3	7	1	4	5	6
4	1	5	8	6	9	3	7	2
3	6	7	5	4	2	9	8	1

NO. 2-35

7	3	8	5	4	1	6	9	2
4	2	6	7	9	8	3	5	1
9	5	1	3	6	2	8	7	4
2	9	3	8	7	4	5	1	6
1	4	5	2	3	6	7	8	9
8	6	7	1	5	9	2	4	3
5	1	9	6	8	3	4	2	7
3	7	4	9	2	5	1	6	8
6	8	2	4	1	7	9	3	5

NO. 2-36

4	6	8	3	9	2	1	7	5
7	3	2	1	6	5	8	4	9
9	5	1	7	8	4	6	2	3
5	7	6	9	4	1	3	8	2
2	1	3	5	7	8	4	9	6
8	9	4	2	3	6	5	1	7
6	4	9	8	5	7	2	3	1
1	8	7	6	2	3	9	5	4
3	2	5	4	1	9	7	6	8

NO. 2-37

1	9	4	2	5	7	6	8	3
8	6	5	9	3	1	4	2	7
3	7	2	8	4	6	9	1	5
6	4	9	3	2	8	7	5	1
2	3	1	5	7	9	8	6	4
5	8	7	1	6	4	2	3	9
9	1	6	7	8	3	5	4	2
7	5	8	4	1	2	3	9	6
4	2	3	6	9	5	1	7	8

NO. 2-38

5	6	3	8	9	1	2	4	7
2	8	4	7	3	6	5	1	9
7	1	9	2	5	4	8	6	3
9	2	6	3	1	5	4	7	8
1	3	7	9	4	8	6	5	2
4	5	8	6	2	7	3	9	1
8	7	2	4	6	9	1	3	5
6	9	5	1	8	3	7	2	4
3	4	1	5	7	2	9	8	6

NO. 2-39

1	8	3	9	7	2	5	6	4
6	5	7	8	4	1	3	9	2
4	2	9	6	3	5	8	1	7
5	3	8	4	9	6	2	7	1
9	4	1	7	2	8	6	5	3
7	6	2	1	5	3	9	4	8
8	1	5	2	6	4	7	3	9
2	7	6	3	1	9	4	8	5
3	9	4	5	8	7	1	2	6

NO. 2-40

1	7	3	6	9	8	2	4	5
2	5	8	1	4	3	9	7	6
4	6	9	7	5	2	3	1	8
5	9	2	3	8	4	7	6	1
6	4	7	5	2	1	8	3	9
3	8	1	9	7	6	5	2	4
7	2	6	8	1	9	4	5	3
9	1	5	4	3	7	6	8	2
8	3	4	2	6	5	1	9	7

NO. 2-41

7	9	3	2	4	6	1	5	8
1	2	5	8	3	9	7	6	4
8	6	4	1	7	5	2	9	3
4	1	9	3	6	7	5	8	2
6	3	8	4	5	2	9	7	1
5	7	2	9	1	8	3	4	6
2	8	1	5	9	4	6	3	7
9	4	7	6	2	3	8	1	5
3	5	6	7	8	1	4	2	9

NO. 2-42

5	1	3	4	6	8	7	2	9
7	4	2	9	3	1	5	8	6
9	8	6	7	5	2	4	1	3
6	7	1	3	8	5	2	9	4
8	3	9	6	2	4	1	5	7
2	5	4	1	7	9	3	6	8
4	9	7	2	1	6	8	3	5
1	6	5	8	4	3	9	7	2
3	2	8	5	9	7	6	4	1

NO. 2-43

3	8	9	4	1	2	6	5	7
6	4	5	7	9	8	3	2	1
7	2	1	6	3	5	4	8	9
1	6	8	9	2	3	5	7	4
2	9	7	1	5	4	8	3	6
5	3	4	8	6	7	9	1	2
4	7	6	5	8	1	2	9	3
8	1	3	2	4	9	7	6	5
9	5	2	3	7	6	1	4	8

NO. 2-44

1	4	7	3	5	8	2	9	6
2	3	9	6	7	4	1	8	5
6	8	5	2	1	9	3	4	7
5	2	4	7	8	1	9	6	3
8	7	6	5	9	3	4	1	2
9	1	3	4	2	6	7	5	8
3	6	2	9	4	5	8	7	1
4	5	1	8	3	7	6	2	9
7	9	8	1	6	2	5	3	4

NO. 2-45

9	1	8	5	6	7	2	4	3
5	3	7	4	2	8	9	1	6
2	4	6	1	9	3	8	5	7
3	6	5	8	7	4	1	9	2
8	2	1	3	5	9	7	6	4
4	7	9	6	1	2	3	8	5
1	5	2	7	8	6	4	3	9
6	9	4	2	3	1	5	7	8
7	8	3	9	4	5	6	2	1

NO. 2-46

7	3	8	1	4	5	6	9	2
4	2	6	8	9	7	3	5	1
9	5	1	2	6	3	8	7	4
8	6	7	9	5	1	2	4	3
1	4	5	6	3	2	7	8	9
2	9	3	4	7	8	5	1	6
5	1	9	3	8	6	4	2	7
3	7	4	5	2	9	1	6	8
6	8	2	7	1	4	9	3	5

NO. 2-47

9	2	4	6	3	5	7	1	8
7	5	6	8	4	1	2	9	3
3	8	1	9	7	2	4	6	5
8	3	5	4	9	6	1	7	2
1	4	9	7	2	8	3	5	6
2	6	7	1	5	3	8	4	9
4	9	3	5	8	7	6	2	1
6	7	2	3	1	9	5	8	4
5	1	8	2	6	4	9	3	7

NO. 2-48

9	1	6	8	5	3	4	2	7
2	4	5	1	7	9	6	8	3
7	3	8	2	6	4	1	9	5
4	6	1	7	8	2	3	5	9
8	7	9	5	3	1	2	4	6
5	2	3	9	4	6	8	7	1
1	9	4	3	2	7	5	6	8
3	5	2	6	9	8	7	1	4
6	8	7	4	1	5	9	3	2

NO. 2-49

2	9	6	1	5	8	4	3	7
4	1	3	7	6	9	2	8	5
7	8	5	4	2	3	1	9	6
5	4	9	6	8	2	3	7	1
8	6	7	5	3	1	9	2	4
3	2	1	9	4	7	6	5	8
1	7	4	3	9	5	8	6	2
9	5	2	8	1	6	7	4	3
6	3	8	2	7	4	5	1	9

NO. 2-50

1	2	6	4	7	9	3	8	5
9	4	7	8	3	5	2	6	1
5	8	3	2	1	6	4	7	9
2	9	4	5	6	7	1	3	8
6	1	8	9	2	3	7	5	4
3	7	5	1	4	8	9	2	6
4	5	9	7	8	2	6	1	3
7	3	1	6	5	4	8	9	2
8	6	2	3	9	1	5	4	7

NO. 3-1

6	1	2	3	8	7	5	9	4
8	7	3	9	4	5	1	2	6
4	5	9	2	6	1	7	3	8
7	3	5	4	2	9	8	6	1
2	9	4	6	1	8	3	5	7
1	8	6	5	7	3	9	4	2
9	4	8	1	5	6	2	7	3
5	6	1	7	3	2	4	8	9
3	2	7	8	9	4	6	1	5

NO. 3-2

8	6	4	5	9	3	2	7	1
3	2	9	1	8	7	4	5	6
7	1	5	6	4	2	9	3	8
1	5	7	4	2	6	3	8	9
6	4	8	9	3	5	7	1	2
2	9	3	8	7	1	5	6	4
9	3	2	7	1	8	6	4	5
5	7	1	2	6	4	8	9	3
4	8	6	3	5	9	1	2	7

NO. 3-3

6	3	2	1	8	7	5	9	4
8	7	1	9	4	5	3	2	6
4	5	9	2	6	3	7	1	8
7	4	5	3	2	9	8	6	1
2	9	3	6	1	8	4	5	7
1	8	6	5	7	4	9	3	2
9	1	8	4	5	6	2	7	3
5	6	4	7	3	2	1	8	9
3	2	7	8	9	1	6	4	5

NO. 3-4

3	8	9	1	5	7	4	2	6
6	1	2	9	4	8	7	3	5
5	7	4	2	6	3	8	9	1
7	4	5	6	3	2	9	1	8
8	9	3	5	7	1	2	6	4
1	2	6	4	8	9	3	5	7
2	6	1	8	9	4	5	7	3
4	5	7	3	2	6	1	8	9
9	3	8	7	1	5	6	4	2

NO. 3-5

7	4	8	1	5	6	2	9	3
5	6	1	9	3	2	4	8	7
3	2	9	8	7	4	6	1	5
9	1	2	3	8	7	5	6	4
8	7	3	6	4	5	1	2	9
4	5	6	2	9	1	7	3	8
6	3	5	4	2	9	8	7	1
2	9	4	7	1	8	3	5	6
1	8	7	5	6	3	9	4	2

NO. 3-6

5	6	4	9	1	2	3	8	7
1	2	9	8	7	3	6	4	5
7	3	8	4	5	6	2	9	1
8	7	1	6	3	5	4	2	9
3	5	6	2	9	4	7	1	8
9	4	2	1	8	7	5	6	3
2	9	3	7	4	8	1	5	6
4	8	7	5	6	1	9	3	2
6	1	5	3	2	9	8	7	4

NO. 3-7

7	4	8	6	3	5	9	1	2
2	6	1	8	9	4	5	7	3
3	5	9	1	2	7	4	8	6
5	9	3	2	7	1	8	6	4
4	8	7	3	5	6	1	2	9
6	1	2	9	4	8	7	3	5
1	2	6	4	8	9	3	5	7
9	3	5	7	1	2	6	4	8
8	7	4	5	6	3	2	9	1

NO. 3-8

2	7	1	6	4	5	3	8	9
4	5	6	8	9	3	7	1	2
9	3	8	1	2	7	5	6	4
5	9	3	7	1	8	4	2	6
1	8	7	2	6	4	9	3	5
6	4	2	3	5	9	8	7	1
8	6	4	9	3	2	1	5	7
3	2	9	5	7	1	6	4	8
7	1	5	4	8	6	2	9	3

NO. 3-9

8	6	1	5	9	4	2	7	3
3	5	7	1	2	6	4	8	9
9	4	2	7	3	8	6	1	5
4	2	9	3	8	7	1	5	6
6	1	8	9	4	5	7	3	2
5	7	3	2	6	1	8	9	4
7	3	5	6	1	2	9	4	8
2	9	4	8	7	3	5	6	1
1	8	6	4	5	9	3	2	7

NO. 3-10

8	2	5	4	1	3	9	6	7
7	4	1	5	9	6	3	8	2
6	3	9	2	7	8	1	5	4
3	9	6	7	8	2	5	4	1
2	5	8	1	3	4	6	7	9
4	1	7	9	6	5	8	2	3
1	7	4	6	5	9	2	3	8
9	6	3	8	2	7	4	1	5
5	8	2	3	4	1	7	9	6

NO. 3-11

8	6	3	1	7	9	5	4	2
7	9	1	4	2	5	6	3	8
2	5	4	3	8	6	9	1	7
9	1	5	2	3	4	7	8	6
3	4	2	8	6	7	1	5	9
6	7	8	5	9	1	4	2	3
4	2	7	6	5	8	3	9	1
5	8	6	9	1	3	2	7	4
1	3	9	7	4	2	8	6	5

NO. 3-12

3	9	6	8	2	5	1	7	4
2	5	8	7	4	1	9	6	3
4	1	7	6	3	9	5	8	2
5	4	1	9	6	7	2	3	8
6	7	9	3	8	2	4	1	5
8	2	3	1	5	4	7	9	6
7	8	2	4	1	3	6	5	9
1	3	4	5	9	6	8	2	7
9	6	5	2	7	8	3	4	1

NO. 3-13

2	3	8	5	4	1	9	6	7
4	1	5	6	7	9	3	8	2
7	9	6	8	2	3	1	5	4
6	5	9	7	8	2	4	1	3
8	2	7	1	3	4	5	9	6
3	4	1	9	6	5	2	7	8
1	7	4	3	9	6	8	2	5
9	6	3	2	5	8	7	4	1
5	8	2	4	1	7	6	3	9

NO. 3-14

8	5	4	3	1	7	6	9	2
7	3	9	2	6	5	4	8	1
1	2	6	9	4	8	5	7	3
2	6	1	4	8	9	7	3	5
5	4	8	1	7	3	9	2	6
3	9	7	6	5	2	8	1	4
9	7	3	5	2	6	1	4	8
6	1	2	8	9	4	3	5	7
4	8	5	7	3	1	2	6	9

NO. 3-15

1	4	6	2	3	9	8	5	7
3	9	2	5	7	8	4	6	1
7	8	5	6	1	4	9	2	3
5	2	3	7	8	1	6	9	4
8	1	7	9	4	6	2	3	5
4	6	9	3	5	2	1	7	8
9	7	8	4	6	5	3	1	2
6	5	4	1	2	3	7	8	9
2	3	1	8	9	7	5	4	6

NO. 3-16

6	9	4	8	5	7	3	1	2
2	3	5	4	6	1	7	8	9
1	7	8	9	2	3	5	4	6
7	8	1	2	3	9	4	6	5
9	4	6	5	7	8	1	2	3
3	5	2	6	1	4	8	9	7
5	2	3	1	4	6	9	7	8
8	1	7	3	9	2	6	5	4
4	6	9	7	8	5	2	3	1

NO. 3-17

5	8	4	6	2	1	7	9	3
2	1	6	9	3	7	8	4	5
3	7	9	4	5	8	1	6	2
1	3	7	8	4	9	2	5	6
4	9	8	5	6	2	3	7	1
6	2	5	7	1	3	9	8	4
9	6	2	3	7	5	4	1	8
7	5	3	1	8	4	6	2	9
8	4	1	2	9	6	5	3	7

NO. 3-18

9	4	7	6	1	3	8	2	5
1	3	6	2	5	8	4	7	9
5	8	2	7	9	4	3	6	1
3	5	1	4	8	2	7	9	6
8	2	4	9	6	7	5	1	3
6	7	9	1	3	5	2	4	8
2	6	8	5	7	9	1	3	4
7	9	5	3	4	1	6	8	2
4	1	3	8	2	6	9	5	7

NO. 3-19

4	8	2	7	9	6	3	5	1
9	6	7	5	1	3	8	2	4
1	3	5	2	4	8	6	7	9
5	7	9	1	3	4	2	6	8
3	4	1	6	8	2	7	9	5
8	2	6	9	5	7	4	1	3
6	1	3	8	2	5	9	4	7
2	5	8	4	7	9	1	3	6
7	9	4	3	6	1	5	8	2

NO. 3-20

7	2	4	3	5	8	6	1	9
5	8	3	1	9	6	2	4	7
9	6	1	4	7	2	8	3	5
1	9	5	2	6	7	4	8	3
6	7	2	8	3	4	9	5	1
3	4	8	5	1	9	7	2	6
8	3	6	9	4	1	5	7	2
4	1	9	7	2	5	3	6	8
2	5	7	6	8	3	1	9	4

NO. 3-21

6	1	3	5	7	9	4	8	2
2	5	8	3	4	1	9	6	7
7	9	4	8	2	6	1	3	5
9	4	7	2	6	8	3	5	1
1	3	6	7	9	5	8	2	4
5	8	2	4	1	3	6	7	9
8	2	5	1	3	4	7	9	6
4	7	9	6	8	2	5	1	3
3	6	1	9	5	7	2	4	8

NO. 3-22

6	1	2	3	8	7	5	9	4
8	7	3	9	4	5	1	2	6
4	5	9	2	6	1	7	3	8
7	3	5	4	2	9	8	6	1
2	9	4	6	1	8	3	5	7
1	8	6	5	7	3	9	4	2
9	4	8	1	5	6	2	7	3
5	6	1	7	3	2	4	8	9
3	2	7	8	9	4	6	1	5

NO. 3-23

6	4	5	9	3	2	7	1	8
8	9	3	5	7	1	2	6	4
1	2	7	4	8	6	3	5	9
2	7	1	8	6	4	5	9	3
4	5	6	3	2	9	1	8	7
9	3	8	7	1	5	6	4	2
3	8	9	1	5	7	4	2	6
7	1	2	6	4	8	9	3	5
5	6	4	2	9	3	8	7	1

NO. 3-24

8	6	4	9	3	2	1	5	7
3	2	9	5	7	1	6	4	8
7	1	5	4	8	6	2	9	3
2	7	1	6	4	5	3	8	9
4	5	6	8	9	3	7	1	2
9	3	8	1	2	7	5	6	4
5	9	3	7	1	8	4	2	6
1	8	7	2	6	4	9	3	5
6	4	2	3	5	9	8	7	1

NO. 3-25

7	3	5	6	1	2	9	4	8
2	9	4	8	7	3	5	6	1
1	8	6	4	5	9	3	2	7
8	6	1	5	9	4	2	7	3
3	5	7	1	2	6	4	8	9
9	4	2	7	3	8	6	1	5
4	2	9	3	8	7	1	5	6
6	1	8	9	4	5	7	3	2
5	7	3	2	6	1	8	9	4

NO. 3-26

5	7	2	8	3	6	9	4	1
3	6	8	4	1	9	7	2	5
1	9	4	2	5	7	6	8	3
6	1	9	7	2	4	3	5	8
2	4	7	5	8	3	1	9	6
8	3	5	9	6	1	4	7	2
4	8	3	1	9	5	2	6	7
9	5	1	6	7	2	8	3	4
7	2	6	3	4	8	5	1	9

NO. 3-27

6	1	3	5	7	9	4	8	2
2	5	8	3	4	1	9	6	7
7	9	4	8	2	6	1	3	5
9	4	7	2	6	8	3	5	1
1	3	6	7	9	5	8	2	4
5	8	2	4	1	3	6	7	9
8	2	5	1	3	4	7	9	6
4	7	9	6	8	2	5	1	3
3	6	1	9	5	7	2	4	8

NO. 3-28

7	9	6	3	5	1	4	8	2
5	1	3	8	2	4	9	6	7
2	4	8	6	7	9	1	3	5
1	3	4	2	6	8	5	7	9
6	8	2	7	9	5	3	4	1
9	5	7	4	1	3	8	2	6
8	2	5	9	4	7	6	1	3
4	7	9	1	3	6	2	5	8
3	6	1	5	8	2	7	9	4

NO. 3-29

1	9	5	7	2	4	8	3	6
6	7	2	5	8	3	4	1	9
3	4	8	9	6	1	2	5	7
4	8	3	6	1	9	5	7	2
9	5	1	2	4	7	3	6	8
7	2	6	8	3	5	1	9	4
2	6	7	3	5	8	9	4	1
8	3	4	1	9	6	7	2	5
5	1	9	4	7	2	6	8	3

NO. 3-30

3	7	5	6	8	1	2	4	9
8	1	6	4	9	2	7	5	3
9	2	4	5	3	7	1	6	8
1	6	2	9	5	4	8	3	7
5	4	9	3	7	8	6	2	1
7	8	3	2	1	6	4	9	5
4	9	8	7	2	3	5	1	6
2	3	7	1	6	5	9	8	4
6	5	1	8	4	9	3	7	2

NO. 3-31

1	7	8	3	9	2	4	6	5
5	3	9	8	4	6	2	1	7
6	2	4	7	5	1	9	8	3
2	4	6	5	1	7	8	3	9
7	8	1	9	2	3	6	5	4
3	9	5	4	6	8	1	7	2
9	5	3	6	8	4	7	2	1
4	6	2	1	7	5	3	9	8
8	1	7	2	3	9	5	4	6

NO. 3-32

5	3	7	8	4	9	2	1	6
9	2	1	6	5	3	7	8	4
4	6	8	1	7	2	3	9	5
6	8	4	7	2	1	9	5	3
3	7	5	4	9	8	1	6	2
2	1	9	5	3	6	8	4	7
1	9	2	3	6	5	4	7	8
8	4	6	2	1	7	5	3	9
7	5	3	9	8	4	6	2	1

NO. 3-33

9	5	3	6	8	4	7	2	1
1	6	2	3	7	5	4	9	8
8	4	7	2	1	9	5	3	6
4	7	8	1	9	2	3	6	5
5	3	9	8	4	6	2	1	7
6	2	1	7	5	3	9	8	4
2	1	6	5	3	7	9	8	4
7	8	4	9	2	1	6	5	3
3	9	5	4	6	8	1	7	2

NO. 3-34

5	3	7	8	4	9	2	1	6
9	2	1	6	5	3	7	8	4
4	6	8	1	7	2	3	9	5
6	8	4	7	2	1	9	5	3
3	7	5	4	9	8	1	6	2
2	1	9	5	3	6	8	4	7
1	9	2	3	6	5	4	7	8
8	4	6	2	1	7	5	3	9
7	5	3	9	8	4	6	2	1

NO. 3-35

2	3	9	4	7	5	6	8	1
7	5	4	8	1	6	3	9	2
1	6	8	9	2	3	5	4	7
8	1	7	3	6	2	9	5	4
6	2	3	5	4	9	1	7	8
4	9	5	7	8	1	2	3	6
5	4	6	1	9	8	7	2	3
9	8	1	2	3	7	4	6	5
3	7	2	6	5	4	8	1	9

NO. 3-36

9	8	4	6	2	1	7	5	3
1	7	5	3	9	8	4	6	2
2	3	6	5	4	7	8	1	9
3	6	2	4	7	5	1	9	8
8	4	9	2	1	6	5	3	7
7	5	1	9	8	3	6	2	4
5	1	7	8	3	9	2	4	6
6	2	3	7	5	4	9	8	1
4	9	8	1	6	2	3	7	5

NO. 3-37

9	5	3	6	8	4	7	2	1
4	6	2	1	7	5	3	9	8
8	1	7	2	3	9	5	4	6
1	7	8	3	9	2	4	6	5
5	3	9	8	4	6	2	1	7
6	2	4	7	5	1	9	8	3
2	4	6	5	1	7	8	3	9
7	8	1	9	2	3	6	5	4
3	9	5	4	6	8	1	7	2

NO. 3-38

3	9	2	6	8	4	5	1	7
8	4	6	1	7	5	9	2	3
7	5	1	2	3	9	4	6	8
1	7	8	9	5	3	2	4	6
5	3	9	4	6	2	7	8	1
6	2	4	8	1	7	3	9	5
4	6	5	7	2	1	8	3	9
2	1	7	3	9	8	6	5	4
9	8	3	5	4	6	1	7	2

NO. 3-39

2	4	9	5	1	6	8	3	7
7	5	3	9	8	4	6	2	1
1	6	8	3	7	2	4	9	5
6	8	1	7	2	3	9	5	4
4	9	2	1	6	5	3	7	8
5	3	7	8	4	9	2	1	6
3	7	5	4	9	8	1	6	2
8	1	6	2	3	7	5	4	9
9	2	4	6	5	1	7	8	3

NO. 3-40

2	8	5	9	7	6	3	1	4
6	3	1	4	2	8	5	9	7
7	4	9	1	5	3	8	6	2
4	9	7	5	3	1	6	2	8
8	5	2	7	6	9	1	4	3
3	1	6	2	8	4	9	7	5
1	6	3	8	4	2	7	5	9
9	7	4	3	1	5	2	8	6
5	2	8	6	9	7	4	3	1

NO. 3-41

3	8	6	7	5	2	4	9	1
5	2	7	9	1	4	8	6	3
1	4	9	6	3	8	2	7	5
9	1	5	8	4	3	6	2	7
4	3	8	2	7	6	1	5	9
7	6	2	5	9	1	3	8	4
2	7	4	1	6	9	5	3	8
6	9	1	3	8	5	7	4	2
8	5	3	4	2	7	9	1	6

NO. 3-42

4	9	7	2	8	5	1	6	3
8	5	2	6	3	1	9	7	4
3	1	6	7	4	9	5	2	8
6	2	8	3	1	4	7	5	9
1	4	3	5	9	7	2	8	6
9	7	5	8	6	2	4	3	1
5	3	1	9	7	6	8	4	2
7	6	9	4	2	8	3	1	5
2	8	4	1	5	3	6	9	7

NO. 3-43

1	3	2	5	8	7	9	6	4
4	5	6	2	9	3	7	1	8
8	7	9	6	4	1	3	2	5
7	9	8	4	1	6	2	5	3
3	2	1	8	7	5	6	4	9
5	6	4	9	3	2	1	8	7
6	4	5	3	2	9	8	7	1
9	8	7	1	6	4	5	3	2
2	1	3	7	5	8	4	9	6

NO. 3-44

9	1	5	3	8	6	2	7	4
4	3	8	5	2	7	6	9	1
7	6	2	1	4	9	8	5	3
6	2	7	4	9	1	5	3	8
1	5	9	8	6	3	7	4	2
3	8	4	2	7	5	9	1	6
8	4	3	7	5	2	1	6	9
2	7	6	9	1	4	3	8	5
5	9	1	6	3	8	4	2	7

NO. 3-45

4	9	1	5	3	8	6	2	7
8	6	3	7	4	2	1	5	9
2	7	5	9	1	6	3	8	4
7	5	2	1	6	9	8	4	3
9	1	4	3	8	5	2	7	6
6	3	8	4	2	7	5	9	1
3	8	6	2	7	4	9	1	5
5	2	7	6	9	1	4	3	8
1	4	9	8	5	3	7	6	2

NO. 3-46

7	5	9	1	6	3	8	4	2
2	8	6	9	7	4	3	1	5
4	3	1	5	2	8	6	9	7
3	1	4	2	8	5	9	7	6
5	9	7	6	3	1	4	2	8
8	6	2	7	4	9	1	5	3
6	2	8	4	9	7	5	3	1
1	4	3	8	5	2	7	6	9
9	7	5	3	1	6	2	8	4

NO. 3-47

5	3	8	2	7	4	1	6	9
7	4	2	6	9	1	3	8	5
9	1	6	8	5	3	4	2	7
4	9	1	3	8	6	7	5	2
8	6	3	5	2	7	9	1	4
2	7	5	1	4	9	6	3	8
6	2	7	9	1	5	8	4	3
1	5	9	4	3	8	2	7	6
3	8	4	7	6	2	5	9	1

NO. 3-48

1	6	2	9	5	4	8	3	7
5	4	9	3	7	8	6	2	1
7	8	3	2	1	6	4	9	5
4	9	8	7	2	3	5	1	6
2	3	7	1	6	5	9	8	4
6	5	1	8	4	9	3	7	2
3	7	5	6	8	1	2	4	9
8	1	6	4	9	2	7	5	3
9	2	4	5	3	7	1	6	8

NO. 3-49

6	9	7	1	4	3	2	8	5
5	1	4	7	2	8	3	6	9
8	3	2	9	5	6	4	7	1
3	2	8	5	6	9	7	1	4
9	7	6	4	3	1	8	5	2
1	4	5	2	8	7	6	9	3
4	5	1	8	7	2	9	3	6
2	8	3	6	9	5	1	4	7
7	6	9	3	1	4	5	2	8

NO. 3-50

8	7	6	9	3	1	4	5	2
2	4	3	6	8	5	1	9	7
5	1	9	7	2	4	3	6	8
1	9	5	2	4	7	6	8	3
7	6	8	3	1	9	5	2	4
4	3	2	8	5	6	9	7	1
3	2	4	5	6	8	7	1	9
9	5	1	4	7	2	8	3	6
6	8	7	1	9	3	2	4	5

NO. 4-1

4	5	3	8	9	1	6	7	2
9	1	8	7	2	6	5	3	4
2	6	7	3	4	5	1	8	9
1	2	9	5	6	7	3	4	8
6	7	5	4	8	3	2	9	1
8	3	4	9	1	2	7	5	6
7	8	6	2	3	4	9	1	5
3	4	2	1	5	9	8	6	7
5	9	1	6	7	8	4	2	3

NO. 4-2

8	9	4	2	3	7	5	6	1
7	5	3	1	8	6	4	2	9
6	1	2	9	4	5	3	7	8
1	2	6	4	5	9	7	8	3
9	4	8	3	7	2	6	1	5
5	3	7	8	6	1	2	9	4
3	7	5	6	1	8	9	4	2
2	6	1	5	9	4	8	3	7
4	8	9	7	2	3	1	5	6

NO. 4-3

9	2	8	7	4	1	3	5	6
4	1	7	5	6	3	2	8	9
6	3	5	8	9	2	1	7	4
1	6	3	2	8	5	4	9	7
8	5	2	9	7	4	6	3	1
7	4	9	3	1	6	5	2	8
5	7	4	6	3	9	8	1	2
3	9	6	1	2	8	7	4	5
2	8	1	4	5	7	9	6	3

NO. 4-4

4	9	6	3	5	2	8	1	7
7	8	5	6	4	1	2	3	9
1	2	3	9	7	8	5	6	4
2	3	1	7	8	9	6	4	5
9	6	4	5	2	3	1	7	8
8	5	7	4	1	6	3	9	2
5	7	8	1	6	4	9	2	3
3	1	2	8	9	7	4	5	6
6	4	9	2	3	5	7	8	1

NO. 4-5

5	7	8	2	3	1	4	9	6
3	1	2	9	6	4	7	8	5
6	4	9	8	5	7	1	2	3
9	2	3	6	4	5	8	1	7
4	5	6	1	7	8	2	3	9
7	8	1	3	9	2	5	6	4
1	6	4	7	8	9	3	5	2
8	9	7	5	2	3	6	4	1
2	3	5	4	1	6	9	7	8

NO. 4-6

3	8	4	9	6	1	5	2	7
6	1	9	2	7	5	8	4	3
7	5	2	4	3	8	1	9	6
2	7	6	8	5	3	4	1	9
5	3	8	1	9	4	7	6	2
9	4	1	6	2	7	3	8	5
1	9	5	7	4	2	6	3	8
4	2	7	3	8	6	9	5	1
8	6	3	5	1	9	2	7	4

NO. 4-7

3	6	8	4	7	2	9	1	5
7	2	4	1	5	9	6	8	3
5	9	1	8	3	6	2	4	7
1	4	9	5	8	3	7	2	6
8	3	5	2	6	7	4	9	1
6	7	2	9	1	4	3	5	8
2	5	7	6	9	1	8	3	4
9	1	6	3	4	8	5	7	2
4	8	3	7	2	5	1	6	9

NO. 4-8

5	8	1	4	7	3	6	9	2
2	4	9	1	6	8	3	5	7
7	3	6	9	2	5	8	1	4
3	6	7	2	5	9	1	4	8
8	1	5	7	3	4	9	2	6
4	9	2	6	8	1	5	7	3
9	2	4	8	1	6	7	3	5
6	7	3	5	9	2	4	8	1
1	5	8	3	4	7	2	6	9

NO. 4-9

1	4	8	6	9	2	7	3	5
9	2	6	3	5	7	4	8	1
5	7	3	8	1	4	2	6	9
2	5	9	4	7	3	8	1	6
7	3	4	1	6	8	5	9	2
6	8	1	9	2	5	3	4	7
3	6	7	5	8	1	9	2	4
8	1	5	2	4	9	6	7	3
4	9	2	7	3	6	1	5	8

NO. 4-10

6	7	4	5	9	8	2	1	3
9	8	5	1	3	2	7	4	6
3	2	1	4	6	7	8	5	9
1	5	2	3	4	6	9	8	7
4	6	3	8	7	9	5	2	1
7	9	8	2	1	5	6	3	4
8	3	9	7	2	1	4	6	5
2	1	7	6	5	4	3	9	8
5	4	6	9	8	3	1	7	2

NO. 4-11

5	9	6	7	2	8	3	4	1
1	7	4	6	3	9	8	5	2
2	8	3	4	1	5	9	6	7
8	3	2	1	5	4	6	7	9
9	6	5	2	8	7	4	1	3
7	4	1	3	9	6	5	2	8
4	1	7	9	6	3	2	8	5
3	2	8	5	4	1	7	9	6
6	5	9	8	7	2	1	3	4

NO. 4-12

1	5	4	7	2	8	9	6	3
2	8	7	6	3	9	5	4	1
3	9	6	4	1	5	8	7	2
8	3	2	5	9	6	4	1	7
9	6	5	1	7	4	3	2	8
7	4	1	2	8	3	6	5	9
6	7	9	3	4	1	2	8	5
4	1	3	8	5	2	7	9	6
5	2	8	9	6	7	1	3	4

NO. 4-13

6	7	4	8	3	9	1	5	2
9	8	5	2	1	7	4	6	3
3	2	1	5	4	6	7	9	8
2	1	3	4	6	5	9	8	7
7	4	6	3	9	8	5	2	1
8	5	9	1	7	2	6	3	4
5	9	8	7	2	1	3	4	6
1	3	2	6	5	4	8	7	9
4	6	7	9	8	3	2	1	5

NO. 4-14

6	4	5	2	7	1	3	8	9
7	1	2	8	9	3	4	5	6
9	3	8	5	6	4	1	2	7
8	9	7	4	3	6	5	1	2
3	6	4	1	2	5	9	7	8
2	5	1	7	8	9	6	4	3
1	2	3	9	5	8	7	6	4
5	8	9	6	4	7	2	3	1
4	7	6	3	1	2	8	9	5

NO. 4-15

3	8	2	7	6	9	5	1	4
4	7	1	2	5	8	9	3	6
6	9	5	1	4	3	8	2	7
9	5	6	4	3	1	2	7	8
8	2	3	6	9	7	1	4	5
7	1	4	5	8	2	3	6	9
1	4	7	8	2	5	6	9	3
5	6	9	3	1	4	7	8	2
2	3	8	9	7	6	4	5	1

NO. 4-16

8	2	5	4	3	1	7	6	9
3	1	4	6	9	7	2	5	8
9	7	6	5	8	2	1	4	3
1	4	7	9	5	6	3	8	2
5	6	9	8	2	3	4	7	1
2	3	8	7	1	4	6	9	5
6	9	3	2	7	8	5	1	4
7	8	2	1	4	5	9	3	6
4	5	1	3	6	9	8	2	7

NO. 4-17

5	1	2	3	8	9	7	6	4
9	7	8	4	5	6	2	3	1
6	4	3	1	2	7	8	9	5
4	3	6	2	7	1	9	5	8
1	2	5	8	9	3	6	4	7
7	8	9	5	6	4	3	1	2
8	9	7	6	4	5	1	2	3
3	6	4	7	1	2	5	8	9
2	5	1	9	3	8	4	7	6

NO. 4-18

1	6	3	2	8	5	4	9	7
8	5	2	9	7	4	6	3	1
7	4	9	3	1	6	5	2	8
5	7	4	6	3	9	8	1	2
3	9	6	1	2	8	7	4	5
2	8	1	4	5	7	9	6	3
9	2	8	7	4	1	3	5	6
4	1	7	5	6	3	2	8	9
6	3	5	8	9	2	1	7	4

NO. 4-19

7	4	1	3	5	6	9	2	8
5	6	3	2	8	9	4	1	7
8	9	2	1	7	4	6	3	5
2	8	5	4	9	7	1	6	3
9	7	4	6	3	1	8	5	2
3	1	6	5	2	8	7	4	9
6	3	9	8	1	2	5	7	4
1	2	8	7	4	5	3	9	6
4	5	7	9	6	3	2	8	1

NO. 4-20

9	2	4	3	6	7	5	8	1
6	7	3	8	1	5	2	4	9
1	5	8	4	9	2	7	3	6
7	3	5	1	4	8	6	9	2
4	8	1	9	2	6	3	5	7
2	6	9	5	7	3	8	1	4
8	1	6	2	5	9	4	7	3
5	9	2	7	3	4	1	6	8
3	4	7	6	8	1	9	2	5

NO. 4-21

4	7	2	6	9	1	5	8	3
1	5	9	3	4	8	2	6	7
8	3	6	7	2	5	9	1	4
3	6	8	2	5	7	1	4	9
7	2	4	9	1	6	8	3	5
5	9	1	4	8	3	6	7	2
9	1	5	8	3	4	7	2	6
6	8	3	5	7	2	4	9	1
2	4	7	1	6	9	3	5	8

NO. 4-22

5	6	7	3	4	8	1	2	9
4	8	3	2	9	1	6	7	5
9	1	2	7	5	6	8	3	4
2	3	4	9	1	5	7	8	6
1	5	9	8	6	7	3	4	2
6	7	8	4	2	3	5	9	1
8	9	1	6	7	2	4	5	3
7	2	6	5	3	4	9	1	8
3	4	5	1	8	9	2	6	7

NO. 4-23

8	9	4	2	3	7	5	6	1
7	5	3	1	8	6	4	2	9
6	1	2	9	4	5	3	7	8
1	2	6	4	5	9	7	8	3
9	4	8	3	7	2	6	1	5
5	3	7	8	6	1	2	9	4
3	7	5	6	1	8	9	4	2
2	6	1	5	9	4	8	3	7
4	8	9	7	2	3	1	5	6

NO. 4-24

5	7	8	2	3	1	4	9	6
3	1	2	9	6	4	7	8	5
6	4	9	8	5	7	1	2	3
9	2	3	6	4	5	8	1	7
4	5	6	1	7	8	2	3	9
7	8	1	3	9	2	5	6	4
1	6	4	7	8	9	3	5	2
8	9	7	5	2	3	6	4	1
2	3	5	4	1	6	9	7	8

NO. 4-25

4	9	7	3	5	6	8	1	2
6	3	1	2	8	9	7	4	5
5	2	8	1	7	4	9	6	3
2	8	5	7	4	1	6	3	9
9	7	4	5	6	3	1	2	8
3	1	6	8	9	2	4	5	7
1	6	3	9	2	8	5	7	4
8	5	2	4	1	7	3	9	6
7	4	9	6	3	5	2	8	1

NO. 4-26

1	2	9	4	5	3	7	8	6
6	7	5	9	1	8	3	4	2
8	3	4	2	6	7	5	9	1
3	4	8	6	7	2	9	1	5
2	9	1	5	3	4	8	6	7
7	5	6	1	8	9	4	2	3
5	6	7	8	9	1	2	3	4
4	8	3	7	2	6	1	5	9
9	1	2	3	4	5	6	7	8

NO. 4-27

2	1	9	4	3	8	6	5	7
3	8	4	5	7	6	1	9	2
7	6	5	9	2	1	8	4	3
5	4	3	7	6	3	9	8	1
6	2	7	8	1	9	4	3	5
1	9	8	3	5	4	2	7	6
8	7	6	1	9	5	3	2	4
9	5	1	2	4	3	7	6	8
4	3	2	6	8	7	5	1	9

NO. 4-28

5	4	9	2	1	6	8	7	3
6	8	1	3	5	7	9	2	4
7	3	2	4	9	8	1	6	5
3	2	7	9	8	4	6	5	1
4	9	5	1	6	2	7	3	8
8	1	6	5	7	3	2	4	9
1	6	8	7	3	5	4	9	2
2	7	3	8	4	9	5	1	6
9	5	4	6	2	1	3	8	7

NO. 4-29

4	7	2	6	9	1	5	8	3
1	5	9	3	4	8	2	6	7
8	3	6	7	2	5	9	1	4
3	6	8	2	5	7	1	4	9
7	2	4	9	1	6	8	3	5
5	9	1	4	8	3	6	7	2
9	1	5	8	3	4	7	2	6
6	8	3	5	7	2	4	9	1
2	4	7	1	6	9	3	5	8

NO. 4-30

2	1	3	6	7	4	5	9	8
7	4	6	9	8	5	1	3	2
8	5	9	3	2	1	4	6	7
9	8	7	1	5	2	3	4	6
5	2	1	4	6	3	8	7	9
6	3	4	7	9	8	2	1	5
4	6	5	8	3	9	7	2	1
3	9	8	2	1	7	6	5	4
1	7	2	5	4	6	9	8	3

NO. 4-31

9	1	5	7	8	6	2	3	4
8	6	7	3	4	2	1	5	9
4	2	3	5	9	1	6	7	8
6	7	2	4	5	3	8	9	1
5	3	4	9	1	8	7	2	6
1	8	9	2	6	7	3	4	5
3	4	8	1	2	9	5	6	7
2	9	1	6	7	5	4	8	3
7	5	6	8	3	4	9	1	2

NO. 4-32

4	5	9	7	8	3	1	2	6
3	7	2	6	1	5	9	4	8
8	6	1	2	9	4	5	3	7
6	1	8	9	4	2	3	7	5
5	9	4	8	3	7	2	6	1
7	2	3	1	5	6	4	8	9
2	3	7	5	6	1	8	9	4
1	8	6	4	2	9	7	5	3
9	4	5	3	7	8	6	1	2

NO. 4-33

3	8	2	1	4	7	9	5	6
4	7	1	5	6	9	8	2	3
6	9	5	2	3	8	7	1	4
5	1	4	6	9	3	2	7	8
9	3	6	7	8	2	1	4	5
8	2	7	4	5	1	3	6	9
7	6	9	8	2	5	4	3	1
2	5	8	3	1	4	6	9	7
1	4	3	9	7	6	5	8	2

NO. 4-34

7	6	9	5	1	4	3	8	2
2	5	8	9	3	6	4	7	1
1	4	3	8	2	7	6	9	5
4	3	1	2	7	8	9	5	6
6	9	7	1	4	5	8	2	3
5	8	2	3	6	9	7	1	4
8	2	5	6	9	3	1	4	7
3	1	4	7	8	2	5	6	9
9	7	6	4	5	1	2	3	8

NO. 4-35

6	7	4	8	3	9	1	5	2
9	8	5	2	1	7	4	6	3
3	2	1	5	4	6	7	9	8
2	1	3	4	6	5	9	8	7
7	4	6	3	9	8	5	2	1
8	5	9	1	7	2	6	3	4
5	9	8	7	2	1	3	4	6
1	3	2	6	5	4	8	7	9
4	6	7	9	8	3	2	1	5

NO. 4-36

4	1	7	8	3	2	5	9	6
3	2	8	9	6	5	1	7	4
6	5	9	7	4	1	2	8	3
2	8	5	6	7	9	3	4	1
7	9	6	4	1	3	8	5	2
1	3	4	5	2	8	9	6	7
9	6	3	1	5	4	7	2	8
5	4	1	2	8	7	6	3	9
8	7	2	3	9	6	4	1	5

NO. 4-37

3	7	5	1	2	6	8	9	4
2	6	1	9	4	8	7	5	3
4	8	9	5	3	7	6	1	2
9	4	2	7	8	3	5	6	1
8	3	7	6	1	5	4	2	9
1	5	6	2	9	4	3	7	8
6	1	8	4	5	9	2	3	7
5	9	4	3	7	2	1	8	6
7	2	3	8	6	1	9	4	5

NO. 4-38

6	5	7	3	2	4	9	8	1
1	9	2	7	6	8	4	3	5
8	4	3	5	1	9	2	7	6
4	3	8	1	9	5	7	6	2
5	7	6	2	4	3	8	1	9
9	2	1	6	8	7	3	5	4
2	1	9	8	7	6	5	4	3
3	8	4	9	5	1	6	2	7
7	6	5	4	3	2	1	9	8

NO. 4-39

8	1	2	4	9	7	3	5	6
7	4	5	6	3	1	2	8	9
9	6	3	5	2	8	1	7	4
6	3	9	2	8	5	7	4	1
1	2	8	9	7	4	5	6	3
4	5	7	3	1	6	8	9	2
5	7	4	1	6	3	9	2	8
3	9	6	8	5	2	4	1	7
2	8	1	7	4	9	6	3	5

NO. 4-40

8	1	7	9	2	3	6	4	5
2	3	9	4	5	6	1	7	8
5	6	4	7	8	1	3	9	2
3	5	2	1	6	4	7	8	9
6	4	1	8	9	7	5	2	3
9	7	8	2	3	5	4	1	6
4	9	6	5	7	8	2	3	1
7	8	5	3	1	2	9	6	4
1	2	3	6	4	9	8	5	7

NO. 4-41

8	2	5	3	6	9	4	7	1
1	3	6	5	4	7	9	8	2
7	9	4	2	1	8	6	5	3
9	4	7	1	8	2	5	3	6
2	5	8	6	9	3	7	1	4
3	6	1	7	5	4	8	2	9
6	1	3	4	7	5	2	9	8
4	7	9	8	2	1	3	6	5
5	8	2	9	3	6	1	4	7

NO. 4-42

2	9	3	1	8	7	4	6	5
8	7	1	6	5	4	9	3	2
5	4	6	3	2	9	7	1	8
7	5	8	9	4	6	3	2	1
4	6	9	2	1	3	5	8	7
1	3	2	8	7	5	6	9	4
6	1	4	5	3	2	8	7	9
3	2	5	7	9	8	1	4	6
9	8	7	4	6	1	2	5	3

NO. 4-43

2	9	3	6	1	4	7	5	8
8	7	1	3	2	5	4	6	9
5	4	6	9	8	7	1	3	2
4	6	5	8	7	9	3	2	1
9	3	2	1	4	6	5	8	7
7	1	8	2	5	3	6	9	4
1	8	7	5	3	2	9	4	6
6	5	4	7	9	8	2	1	3
3	2	9	4	6	1	8	7	5

NO. 4-44

6	1	3	9	4	7	8	2	5
4	7	9	2	5	8	1	3	6
5	8	2	3	6	1	7	9	4
2	9	8	5	3	6	4	7	1
3	6	5	7	1	4	9	8	2
1	4	7	8	2	9	6	5	3
7	5	4	1	8	2	3	6	9
8	2	1	6	9	3	5	4	7
9	3	6	4	7	5	2	1	8

NO. 4-45

5	6	7	8	9	1	2	3	4
4	8	3	7	2	6	1	5	9
9	1	2	3	4	5	6	7	8
1	2	9	4	5	3	7	8	6
6	7	5	9	1	8	3	4	2
8	3	4	2	6	7	5	9	1
3	4	8	6	7	2	9	1	5
2	9	1	5	3	4	8	6	7
7	5	6	1	8	9	4	2	3

NO. 4-46

5	6	1	9	4	2	7	8	3
4	2	9	8	3	7	6	1	5
3	7	8	1	5	6	2	9	4
2	3	7	6	1	8	4	5	9
1	8	6	5	9	4	3	7	2
9	4	5	7	2	3	8	6	1
8	9	4	3	7	5	1	2	6
7	5	3	2	6	1	9	4	8
6	1	2	4	8	9	5	3	7

NO. 4-47

8	2	5	3	6	9	4	7	1
1	3	6	5	4	7	9	8	2
7	9	4	2	1	8	6	5	3
9	4	7	1	8	2	5	3	6
2	5	8	6	9	3	7	1	4
3	6	1	4	7	5	8	2	9
6	1	3	7	5	4	2	9	8
4	7	9	8	2	1	3	6	5
5	8	2	9	3	6	1	4	7

NO. 4-48

3	2	1	7	5	8	9	4	6
5	8	7	4	6	9	2	1	3
6	9	4	1	3	2	8	7	5
8	7	9	6	1	4	5	3	2
1	4	6	3	2	5	7	9	8
2	5	3	9	8	7	4	6	1
4	6	5	2	9	3	1	8	7
9	3	2	8	7	1	6	5	4
7	1	8	5	4	6	3	2	9

NO. 4-49

9	8	4	6	5	1	3	2	7
1	6	2	7	3	8	4	9	5
5	7	3	2	4	9	8	1	6
7	3	5	4	9	2	1	6	8
8	4	9	5	1	6	2	7	3
6	2	1	3	8	7	9	5	4
2	1	6	8	7	3	5	4	9
3	5	7	9	2	4	6	8	1
4	9	8	1	6	5	7	3	2

NO. 4-50

8	7	6	1	9	5	3	2	4
9	5	1	2	4	3	7	6	8
4	3	2	6	8	7	5	1	9
2	1	9	4	3	8	6	5	7
3	8	4	5	7	6	1	9	2
7	6	5	9	2	1	8	4	3
5	4	3	7	6	2	9	8	1
6	2	7	8	1	9	4	3	5
1	9	8	3	5	4	2	7	6

NO. 5-1

2	9	3	5	6	4	1	8	7
7	1	8	3	2	9	6	4	5
4	5	6	8	7	1	9	3	2
6	4	5	7	1	8	3	2	9
9	3	2	4	⑤	6	8	7	1
1	8	7	2	9	3	5	6	4
8	7	1	9	3	2	4	5	6
5	6	4	1	8	7	2	9	3
3	2	9	6	4	5	7	1	8

NO. 5-2

8	9	2	6	1	7	3	5	4
5	7	6	9	4	3	1	2	8
4	3	1	2	8	5	7	6	9
7	6	5	4	3	9	2	8	1
3	1	4	8	⑤	2	6	9	7
9	2	8	1	7	6	5	4	3
1	4	3	5	2	8	9	7	6
2	8	9	7	6	1	4	3	5
6	5	7	3	9	4	8	1	2

NO. 5-3

2	6	8	7	9	5	4	1	3
5	7	9	3	4	1	8	2	6
1	3	4	6	8	2	9	5	7
9	4	7	1	3	6	5	8	2
6	1	3	2	⑤	8	7	9	4
8	2	5	4	7	9	3	6	1
3	5	1	8	2	4	6	7	9
4	8	2	9	6	7	1	3	5
7	9	6	5	1	3	2	4	8

NO. 5-4

8	7	1	5	3	2	4	9	6
6	4	5	9	8	7	2	1	3
3	2	9	1	6	4	7	5	8
9	6	4	7	1	8	3	2	5
1	3	2	4	⑤	6	8	7	9
5	8	7	2	9	3	6	4	1
2	5	3	6	4	9	1	8	7
7	9	8	3	2	1	5	6	4
4	1	6	8	7	5	9	3	2

NO. 5-5

2	9	3	7	1	8	4	5	6
5	6	4	3	2	9	8	7	1
1	8	7	6	4	5	9	3	2
6	4	5	9	3	2	1	8	7
7	1	8	4	⑤	6	2	9	3
3	2	9	8	7	1	5	6	4
8	7	1	5	6	4	3	2	9
9	3	2	1	8	7	6	4	5
4	5	6	2	9	3	7	1	8

NO. 5-6

9	3	8	5	6	4	1	2	7
6	4	5	2	7	1	3	8	9
7	1	2	8	9	3	4	5	6
2	7	1	3	8	9	6	4	5
8	9	3	4	⑤	6	7	1	2
5	6	4	1	2	7	9	3	8
4	5	6	7	1	2	8	9	3
1	2	7	9	3	8	5	6	4
3	8	9	6	4	5	2	7	1

NO. 5-7

1	3	8	5	4	6	9	2	7
4	6	5	2	7	9	3	8	1
7	9	2	8	1	3	6	5	4
2	7	9	3	8	1	4	6	5
8	1	3	6	⑤	4	7	9	2
5	4	6	9	2	7	1	3	8
6	5	4	7	9	2	8	1	3
9	2	7	1	3	8	5	4	6
3	8	1	4	6	5	2	7	9

NO. 5-8

2	6	8	5	7	9	1	3	4
7	9	5	3	4	1	6	8	2
4	1	3	8	2	6	9	5	7
9	4	7	6	1	3	8	2	5
1	3	6	2	⑤	8	4	7	9
5	8	2	7	9	4	3	6	1
3	5	1	4	8	2	7	9	6
8	2	4	9	6	7	5	1	3
6	7	9	1	3	5	2	4	8

NO. 5-9

2	4	7	3	6	8	9	5	1
1	9	5	4	7	2	6	8	3
8	3	6	5	1	9	7	2	4
5	1	9	7	2	4	8	3	6
3	6	8	9	⑤	1	2	4	7
4	7	2	6	8	3	1	9	5
6	8	3	1	9	5	4	7	2
7	2	4	8	3	6	5	1	9
9	5	1	2	4	7	3	6	8

NO. 5-10

8	3	6	1	9	5	7	2	4
4	1	9	6	7	2	5	8	3
2	5	7	3	4	8	9	6	1
5	7	2	4	8	3	6	1	9
3	6	8	9	⑤	1	2	4	7
1	9	4	7	2	6	8	3	5
9	4	1	2	6	7	3	5	8
7	2	5	8	3	4	1	9	6
6	8	3	5	1	9	4	7	2

NO. 5-11

8	7	1	6	4	5	3	2	9
5	3	2	9	8	7	1	6	4
4	9	6	2	1	3	7	5	8
9	6	4	1	3	2	5	8	7
7	1	8	4	⑤	6	2	9	3
3	2	5	8	7	9	6	4	1
2	5	3	7	9	8	4	1	6
6	4	9	3	2	1	8	7	5
1	8	7	5	6	4	9	3	2

NO. 5-12

1	2	6	4	8	9	3	5	7
5	7	3	6	1	2	9	4	8
8	9	4	7	3	5	2	6	1
7	3	5	2	6	1	8	9	4
4	8	9	3	⑤	7	1	2	6
6	1	2	9	4	8	5	7	3
9	4	8	5	7	3	6	1	2
2	6	1	8	9	4	7	3	5
3	5	7	1	2	6	4	8	9

NO. 5-13

2	5	6	1	3	7	8	4	9
3	7	1	4	9	8	5	6	2
9	8	4	6	2	5	7	1	3
4	1	8	9	6	2	3	7	5
6	2	9	7	⑤	3	1	8	4
5	3	7	8	4	1	2	9	6
7	9	3	5	8	4	6	2	1
8	4	5	2	1	6	9	3	7
1	6	2	3	7	9	4	5	8

NO. 5-14

9	5	2	8	3	1	4	7	6
3	6	4	7	2	9	5	1	8
1	8	7	6	4	5	2	9	3
6	4	3	2	9	7	1	8	5
8	7	1	4	⑤	6	9	3	2
5	2	9	3	1	8	7	6	4
7	1	8	5	6	4	3	2	9
2	9	5	1	8	3	6	4	7
4	3	6	9	7	2	8	5	1

NO. 5-15

2	4	7	1	9	5	8	3	6
3	6	8	4	7	2	5	1	9
9	5	1	6	8	3	7	2	4
5	1	9	3	6	8	4	7	2
7	2	4	9	⑤	1	6	8	3
8	3	6	2	4	7	1	9	5
6	8	3	7	2	4	9	5	1
1	9	5	8	3	6	2	4	7
4	7	2	5	1	9	3	6	8

NO. 5-16

9	6	7	3	8	2	1	5	4
8	2	5	7	4	1	6	3	9
4	1	3	5	9	6	2	7	8
5	4	1	6	7	9	8	2	3
3	9	6	2	⑤	8	4	1	7
7	8	2	1	3	4	9	6	5
2	3	8	4	1	5	7	9	6
1	7	4	9	6	3	5	8	2
6	5	9	8	2	7	3	4	1

NO. 5-17

6	5	7	3	9	4	8	1	2
9	2	8	1	7	6	5	4	3
4	3	1	2	8	5	7	6	9
2	8	9	7	6	1	4	3	5
3	1	4	8	⑤	2	6	9	7
5	7	6	9	4	3	1	2	8
1	4	3	5	2	8	9	7	6
7	6	5	4	3	9	2	8	1
8	9	2	6	1	7	3	5	4

NO. 5-18

7	4	3	5	9	8	2	1	6
8	6	9	4	2	1	3	7	5
1	5	2	6	3	7	9	8	4
9	8	5	1	6	2	4	3	7
2	1	4	7	⑤	3	6	9	8
3	7	6	8	4	9	5	2	1
6	2	1	3	7	4	8	5	9
5	3	7	9	8	6	1	4	2
4	9	8	2	1	5	7	6	3

NO. 5-19

4	7	2	5	1	9	3	6	8
8	3	6	2	4	7	1	9	5
9	5	1	6	8	3	7	2	4
1	9	5	8	3	6	2	4	7
7	2	4	9	⑤	1	6	8	3
3	6	8	4	7	2	5	1	9
6	8	3	7	2	4	9	5	1
5	1	9	3	6	8	4	7	2
2	4	7	1	9	5	8	3	6

NO. 5-20

1	7	9	5	4	2	8	6	3
4	2	5	6	3	8	7	9	1
3	8	6	9	1	7	2	5	4
2	3	4	7	8	6	9	1	5
8	6	7	1	⑤	9	3	4	2
5	9	1	4	2	3	6	7	8
6	5	8	3	9	1	4	2	7
9	1	3	2	7	4	5	8	6
7	4	2	8	6	5	1	3	9

NO. 5-21

6	2	1	9	3	7	4	5	8
3	7	5	1	8	4	2	9	6
8	4	9	5	6	2	7	1	3
5	8	4	2	1	6	3	7	9
9	6	2	7	⑤	3	8	4	1
1	3	7	4	9	8	6	2	5
7	9	3	8	4	5	1	6	2
4	1	8	6	2	9	5	3	7
2	5	6	3	7	1	9	8	4

NO. 5-22

8	6	3	7	4	2	1	5	9
9	1	5	6	3	8	4	2	7
2	7	4	5	9	1	3	8	6
5	9	1	3	8	6	2	7	4
7	4	2	1	⑤	9	8	6	3
6	3	8	4	2	7	9	1	5
4	2	7	9	1	5	6	3	8
3	8	6	2	7	4	5	9	1
1	5	9	8	6	3	7	4	2

NO. 5-23

4	1	6	5	8	7	3	2	9
8	7	5	2	9	3	1	6	4
9	3	2	6	4	1	7	5	8
7	9	8	1	3	2	6	4	5
3	2	1	4	⑤	6	9	8	7
5	6	4	8	7	9	2	1	3
2	5	3	9	6	4	8	7	1
6	4	9	7	1	8	5	3	2
1	8	7	3	2	5	4	9	6

NO. 5-24

3	2	9	1	8	7	4	5	6
6	4	5	2	9	3	8	7	1
7	1	8	5	6	4	9	3	2
5	6	4	9	3	2	7	1	8
1	8	7	4	⑤	6	3	2	9
2	9	3	8	7	1	6	4	5
8	7	1	6	4	5	2	9	3
9	3	2	7	1	8	5	6	4
4	5	6	3	2	9	1	8	7

NO. 5-25

6	2	1	3	7	5	8	4	9
9	3	7	1	8	4	5	6	2
4	5	8	2	9	6	7	1	3
5	8	4	9	6	2	1	3	7
2	1	6	7	⑤	3	4	9	8
3	7	9	8	4	1	6	2	5
7	9	3	4	1	8	2	5	6
8	4	5	6	2	9	3	7	1
1	6	2	5	3	7	9	8	4

NO. 5-26

7	4	3	8	6	9	1	5	2
5	9	8	4	2	1	6	3	7
2	1	6	3	7	5	9	8	4
9	8	5	2	1	4	3	7	6
1	6	2	7	⑤	3	8	4	9
4	3	7	6	9	8	5	2	1
6	2	1	5	3	7	4	9	8
3	7	4	9	8	6	2	1	5
8	5	9	1	4	2	7	6	3

NO. 5-27

4	1	6	8	7	5	9	3	2
5	8	7	2	9	3	6	4	1
3	2	9	1	6	4	7	5	8
7	9	8	3	2	1	5	6	4
1	3	2	4	⑤	6	8	7	9
6	4	5	9	8	7	2	1	3
2	5	3	6	4	9	1	8	7
9	6	4	7	1	8	3	2	5
8	7	1	5	3	2	4	9	6

NO. 5-28

2	3	9	4	6	5	7	8	1
5	7	8	1	2	3	9	4	6
6	1	4	8	9	7	3	5	2
1	4	6	9	7	8	5	2	3
3	9	2	6	⑤	4	8	1	7
7	8	5	2	3	1	4	6	9
8	5	7	3	1	2	6	9	4
4	6	1	7	8	9	2	3	5
9	2	3	5	4	6	1	7	8

NO. 5-29

1	2	6	4	8	9	3	5	7
5	7	3	6	1	2	9	4	8
8	9	4	7	3	5	2	6	1
7	3	5	2	6	1	8	9	4
4	8	9	3	⑤	7	1	2	6
6	1	2	9	4	8	5	7	3
9	4	8	5	7	3	6	1	2
2	6	1	8	9	4	7	3	5
3	5	7	1	2	6	4	8	9

NO. 5-30

8	6	3	9	1	5	2	7	4
7	4	2	6	3	8	5	9	1
1	5	9	4	2	7	3	8	6
5	9	1	7	4	2	6	3	8
3	8	6	1	⑤	9	4	2	7
2	7	4	8	6	3	9	1	5
4	2	7	3	8	6	1	5	9
9	1	5	2	7	4	8	6	3
6	3	8	5	9	1	7	4	2

NO. 5-31

9	5	1	7	6	8	2	4	3
8	7	6	3	2	4	1	9	5
4	3	2	5	1	9	6	8	7
6	8	7	4	3	2	5	1	9
2	4	3	9	⑤	1	7	6	8
1	9	5	8	7	6	3	2	4
3	2	4	1	9	5	8	7	6
5	1	9	6	8	7	4	3	2
7	6	8	2	4	3	9	5	1

NO. 5-32

8	5	4	7	3	9	1	2	6
9	7	3	6	1	2	4	8	5
2	6	1	5	4	8	3	9	7
6	9	2	4	8	1	5	7	3
1	4	8	3	⑤	7	2	6	9
7	3	5	9	2	6	8	1	4
3	1	7	2	6	5	9	4	8
5	2	6	8	9	4	7	3	1
4	8	9	1	7	3	6	5	2

NO. 5-33

9	6	7	8	2	5	4	1	3
3	8	2	7	4	1	5	9	6
1	5	4	6	3	9	2	7	8
5	4	1	3	9	6	7	8	2
6	7	9	2	⑤	8	1	3	4
8	2	3	4	1	7	9	6	5
2	3	8	1	7	4	6	5	9
4	1	5	9	6	3	8	2	7
7	9	6	5	8	2	3	4	1

NO. 5-34

2	7	4	6	9	1	8	5	3
9	1	5	4	3	8	7	6	2
3	8	6	5	2	7	1	4	9
5	3	8	7	4	2	9	1	6
6	2	7	1	⑤	9	3	8	4
4	9	1	8	6	3	2	7	5
1	6	9	3	8	5	4	2	7
8	4	3	2	7	6	5	9	1
7	5	2	9	1	4	6	3	8

NO. 5-35

7	5	2	4	9	1	3	8	6
9	1	4	8	6	3	5	2	7
6	3	8	2	7	5	1	4	9
8	4	3	6	2	7	9	1	5
2	7	6	1	⑤	9	4	3	8
5	9	1	3	8	4	7	6	2
1	6	9	5	3	8	2	7	4
3	8	5	7	4	2	6	9	1
4	2	7	9	1	6	8	5	3

NO. 5-36

8	5	9	4	3	7	2	1	6
1	4	2	6	9	8	3	7	5
7	6	3	5	2	1	9	8	4
3	7	4	1	6	2	5	9	8
9	8	6	7	⑤	3	4	2	1
2	1	5	8	4	9	6	3	7
6	2	1	9	8	5	7	4	3
5	3	7	2	1	4	8	6	9
4	9	8	3	7	6	1	5	2

NO.5-37

1	2	6	5	7	3	8	9	4
4	8	9	6	1	2	7	3	5
3	5	7	9	4	8	2	6	1
7	3	5	4	8	9	6	1	2
2	6	1	3	⑤	7	9	4	8
8	9	4	1	2	6	5	7	3
9	4	8	2	6	1	3	5	7
5	7	3	8	9	4	1	2	6
6	1	2	7	3	5	4	8	9

NO.5-38

8	5	4	9	7	3	2	6	1
7	3	9	6	1	2	5	4	8
1	2	6	4	8	5	3	9	7
6	9	2	1	4	8	7	3	5
4	8	1	3	⑤	7	9	2	6
5	7	3	2	6	9	8	1	4
3	1	7	5	2	6	4	8	9
2	6	5	8	9	4	1	7	3
9	4	8	7	3	1	6	5	2

NO.5-39

1	7	9	4	2	5	3	8	6
5	4	2	6	3	8	9	1	7
8	6	3	7	9	1	2	5	4
2	3	4	8	6	7	5	9	1
7	8	6	1	⑤	9	4	2	3
9	1	5	3	4	2	6	7	8
6	5	8	9	1	3	7	4	2
3	9	1	2	7	4	8	6	5
4	2	7	5	8	6	1	3	9

NO.5-40

8	1	7	3	9	2	6	5	4
5	4	6	7	8	1	2	3	9
9	2	3	4	6	5	1	7	8
4	6	5	1	7	8	9	2	3
3	9	2	6	⑤	4	8	1	7
7	8	1	2	3	9	5	4	6
2	3	9	5	4	6	7	8	1
1	7	8	9	2	3	4	6	5
6	5	4	8	1	7	3	9	2

NO.5-41

2	7	4	9	1	5	3	8	6
6	9	1	4	3	8	5	2	7
8	5	3	7	6	2	1	4	9
5	3	8	6	2	7	4	9	1
7	4	2	1	⑤	9	8	6	3
9	1	6	3	8	4	2	7	5
1	6	9	8	4	3	7	5	2
3	8	5	2	7	6	9	1	4
4	2	7	5	9	1	6	3	8

NO.5-42

2	7	4	6	9	1	8	5	3
9	1	5	4	3	8	7	6	2
3	8	6	5	2	7	1	4	9
5	3	8	7	4	2	9	1	6
6	2	7	1	⑤	9	3	8	4
4	9	1	8	6	3	2	7	5
1	6	9	3	8	5	4	2	7
8	4	3	2	7	6	5	9	1
7	5	2	9	1	4	6	3	8

NO.5-43

2	5	1	9	6	8	3	4	7
6	7	3	4	1	2	5	8	9
8	9	4	7	3	5	1	2	6
7	3	6	1	2	4	8	9	5
9	4	8	3	⑤	7	2	6	1
5	1	2	6	8	9	4	7	3
4	8	9	5	7	3	6	1	2
1	2	5	8	9	6	7	3	4
3	6	7	2	4	1	9	5	8

NO.5-44

2	5	1	6	7	3	8	9	4
9	6	8	4	1	2	7	3	5
3	4	7	5	8	9	1	2	6
7	3	6	9	4	8	5	1	2
1	2	4	3	⑤	7	6	8	9
8	9	5	2	6	1	4	7	3
4	8	9	1	2	5	3	6	7
5	7	3	8	9	6	2	4	1
6	1	2	7	3	4	9	5	8

NO.5-45

8	4	2	5	3	1	9	7	6
3	1	5	7	6	9	4	2	8
6	9	7	2	8	4	1	5	3
1	6	3	4	9	7	2	8	5
9	7	4	8	⑤	2	6	3	1
5	2	8	3	1	6	7	4	9
7	5	9	6	2	8	3	1	4
2	8	6	1	4	3	5	9	7
4	3	1	9	7	5	8	6	2

NO.5-46

8	1	7	3	9	2	6	5	4
5	4	6	7	8	1	2	3	9
9	2	3	4	6	5	1	7	8
4	6	5	1	7	8	9	2	3
3	9	2	6	⑤	4	8	1	7
7	8	1	2	3	9	5	4	6
2	3	9	5	4	6	7	8	1
1	7	8	9	2	3	4	6	5
6	5	4	8	1	7	3	9	2

NO.5-47

8	1	7	5	4	6	9	2	3
3	9	2	7	8	1	4	6	5
6	5	4	2	3	9	1	7	8
4	6	5	3	9	2	7	8	1
1	7	8	6	⑤	4	2	3	9
9	2	3	8	1	7	5	4	6
2	3	9	1	7	8	6	5	4
5	4	6	9	2	3	8	1	7
7	8	1	4	6	5	3	9	2

NO.5-48

2	7	4	9	1	5	3	8	6
6	9	1	4	3	8	5	2	7
8	5	3	7	6	2	1	4	9
5	3	8	6	2	7	4	9	1
7	4	2	1	⑤	9	8	6	3
9	1	6	3	8	4	2	7	5
1	6	9	8	4	3	7	5	2
3	8	5	2	7	6	9	1	4
4	2	7	5	9	1	6	3	8

NO. 5-49

8	4	2	3	1	5	6	9	7
5	3	1	7	6	9	2	8	4
9	7	6	4	2	8	1	5	3
1	6	3	9	7	4	5	2	8
4	9	7	8	⑤	2	3	1	6
2	8	5	6	3	1	7	4	9
7	5	9	2	8	6	4	3	1
6	2	8	1	4	3	9	7	5
3	1	4	5	9	7	8	6	2

NO. 5-50

2	5	1	9	6	8	3	4	7
6	7	3	4	1	2	5	8	9
8	9	4	7	3	5	1	2	6
7	3	6	1	2	4	8	9	5
9	4	8	3	⑤	7	2	6	1
5	1	2	6	8	9	4	7	3
4	8	9	5	7	3	6	1	2
1	2	5	8	9	6	7	3	4
3	6	7	2	4	1	9	5	8

NO. 6-1

7	3	9	1	2	4	5	6	8
1	8	5	7	6	9	4	3	2
2	5	4	6	9	8	3	7	1
6	7	8	2	3	5	1	4	9
9	4	1	3	8	6	7	2	5
8	6	7	5	4	2	9	1	3
5	2	6	4	1	3	8	9	7
4	1	3	9	5	7	2	8	6
3	9	2	8	7	1	6	5	4

NO. 6-2

2	5	9	3	4	1	6	8	7
6	7	8	9	1	5	4	3	2
5	8	1	4	3	7	2	9	6
4	9	7	2	5	6	8	1	3
1	6	3	7	9	2	5	4	8
3	2	5	8	7	4	9	6	1
9	4	2	1	6	8	3	7	5
7	3	6	5	8	9	1	2	4
8	1	4	6	2	3	7	5	9

NO. 6-3

2	5	4	3	8	6	1	9	7
9	6	1	7	5	4	3	2	8
8	7	6	4	1	3	2	5	9
7	3	2	8	9	5	6	1	4
5	9	3	6	2	7	4	8	1
4	1	9	5	6	8	7	3	2
3	8	7	2	4	1	9	6	5
6	2	8	1	7	9	5	4	3
1	4	5	9	3	2	8	7	6

NO. 6-4

5	1	7	8	9	2	3	4	6
8	6	3	5	4	7	2	1	9
9	3	2	4	7	6	1	5	8
4	5	6	9	1	3	8	2	7
7	2	8	1	6	4	5	9	3
6	4	5	3	2	9	7	8	1
3	9	4	2	8	1	6	7	5
2	8	1	7	3	5	9	6	4
1	7	9	6	5	8	4	3	2

NO. 6-5

6	7	8	3	9	1	4	2	5
8	1	4	9	7	2	5	3	6
9	2	1	5	3	6	8	4	7
5	3	2	4	6	7	9	8	1
7	4	9	8	1	5	3	6	2
2	6	3	7	5	4	1	9	8
3	9	5	1	2	8	6	7	4
4	5	6	2	8	9	7	1	3
1	8	7	6	4	3	2	5	9

NO. 6-6

8	5	6	1	2	7	4	3	9
1	7	4	3	5	9	8	2	6
2	9	3	6	8	4	5	1	7
4	2	5	9	3	8	7	6	1
3	6	9	5	7	1	2	4	8
7	1	8	4	6	2	9	5	3
5	8	1	7	4	6	3	9	2
9	3	7	2	1	5	6	8	4
6	4	2	8	9	3	1	7	5

NO. 6-7

1	6	3	4	5	7	8	9	2
4	2	8	1	9	3	7	6	5
5	8	7	9	3	2	6	1	4
9	1	2	5	6	8	4	7	3
3	7	4	6	2	9	1	5	8
2	9	1	8	7	5	3	4	6
8	5	9	7	4	6	2	3	1
7	4	6	3	8	1	5	2	9
6	3	5	2	1	4	9	8	7

NO. 6-8

8	2	6	9	1	7	3	5	4
3	4	5	6	7	2	1	9	8
2	5	7	1	9	4	8	6	3
1	6	4	8	2	3	5	7	9
7	3	9	4	6	8	2	1	5
9	8	2	5	4	1	6	3	7
6	1	8	7	3	5	9	4	2
4	9	3	2	5	6	7	8	1
5	7	1	3	8	9	4	2	6

NO. 6-9

3	6	5	4	9	7	2	1	8
1	7	2	8	6	5	4	3	9
9	8	7	5	2	4	3	6	1
8	4	3	9	1	6	7	2	5
6	1	4	7	3	8	5	9	2
5	2	1	6	7	9	8	4	3
4	9	8	3	5	2	1	7	6
7	3	9	2	8	1	6	5	4
2	5	6	1	4	3	9	8	7

NO. 6-10

8	4	1	2	3	5	6	7	9
2	9	6	8	7	1	5	4	3
3	6	5	7	1	9	4	8	2
7	8	9	3	4	6	2	5	1
1	5	2	4	9	7	8	3	6
9	7	8	6	5	3	1	2	4
6	3	7	5	2	4	9	1	8
5	2	4	1	6	8	3	9	7
4	1	3	9	8	2	7	6	5

NO. 6-11

9	1	2	6	3	4	7	5	8
2	4	7	3	1	5	8	6	9
3	5	4	8	6	9	2	7	1
8	6	5	7	9	1	3	2	4
1	7	3	2	4	8	6	9	5
5	9	6	1	8	7	4	3	2
6	3	8	4	5	2	9	1	7
7	8	9	5	2	3	1	4	6
4	2	1	9	7	6	5	8	3

NO. 6-12

6	3	4	7	5	9	8	1	2
9	8	7	3	1	2	6	5	4
1	5	2	4	8	6	9	3	7
4	6	1	5	7	8	3	2	9
8	2	5	9	4	3	1	7	6
7	9	3	6	2	1	4	8	5
3	1	9	2	6	5	7	4	8
2	4	6	8	3	7	5	9	1
5	7	8	1	9	4	2	6	3

NO. 6-13

4	5	6	9	1	7	3	2	8
1	2	3	7	5	8	6	9	4
3	4	7	8	2	9	5	6	1
9	1	5	6	4	3	7	8	2
8	6	2	5	9	4	1	7	3
2	8	4	3	7	6	9	1	5
7	3	9	1	8	2	4	5	6
6	9	1	2	3	5	8	4	7
5	7	8	4	6	1	2	3	9

NO. 6-14

5	9	4	1	6	8	3	2	7
6	1	7	8	2	4	5	9	3
4	2	9	6	3	7	1	8	5
8	3	5	4	9	2	6	7	1
2	8	1	3	7	5	4	6	9
1	7	2	9	5	6	8	3	4
7	6	8	5	1	3	9	4	2
3	5	6	7	4	9	2	1	8
9	4	3	2	8	1	7	5	6

NO. 6-15

2	3	4	7	8	5	1	9	6
8	9	1	5	3	6	4	7	2
1	2	5	6	9	7	3	4	8
7	8	3	4	2	1	5	6	9
6	4	9	3	7	2	8	5	1
9	6	2	1	5	4	7	8	3
5	1	7	8	6	9	2	3	4
4	7	8	9	1	3	6	2	5
3	5	6	2	4	8	9	1	7

NO. 6-16

7	2	6	3	8	1	5	4	9
8	3	9	1	4	6	7	2	5
6	4	2	8	5	9	3	1	7
1	5	7	6	2	4	8	9	3
4	1	3	5	9	7	6	8	2
3	9	4	2	7	8	1	5	6
9	8	1	7	3	5	2	6	4
5	7	8	9	6	2	4	3	1
2	6	5	4	1	3	9	7	8

NO. 6-17

5	6	7	1	2	8	4	3	9
2	3	4	8	6	9	7	1	5
4	5	8	9	3	1	6	7	2
1	2	6	7	5	4	8	9	3
9	7	3	6	1	5	2	8	4
3	9	5	4	8	7	1	2	6
8	4	1	2	9	3	5	6	7
7	1	2	3	4	6	9	5	8
6	8	9	5	7	2	3	4	1

NO. 6-18

3	4	5	9	6	7	1	8	2
5	7	1	6	4	8	2	9	3
6	8	7	2	9	3	5	1	4
2	9	8	1	3	4	6	5	7
4	1	6	5	7	2	9	3	8
8	3	9	4	2	1	7	6	5
9	6	2	7	8	5	3	4	1
1	2	3	8	5	6	4	7	9
7	5	4	3	1	9	8	2	6

NO. 6-19

1	4	9	2	7	8	6	5	3
8	7	3	5	1	6	4	2	9
6	2	5	3	4	9	7	8	1
3	6	2	8	9	4	1	7	5
4	5	8	1	2	7	3	9	6
7	9	1	6	5	3	8	4	2
5	1	7	4	6	2	9	3	8
2	3	4	9	8	1	5	6	7
9	8	6	7	3	5	2	1	4

NO. 6-20

9	3	7	1	2	8	4	6	5
4	5	6	7	8	3	2	1	9
3	6	8	2	1	5	9	7	4
2	7	5	9	3	4	6	8	1
8	4	1	5	7	9	3	2	6
1	9	3	6	5	2	7	4	8
7	2	9	8	4	6	1	5	3
5	1	4	3	6	7	8	9	2
6	8	2	4	9	1	5	3	7

NO. 6-21

6	2	8	9	1	3	4	5	7
9	7	4	6	5	8	3	2	1
1	4	3	5	8	7	2	6	9
5	6	7	1	2	4	9	3	8
8	3	9	2	7	5	6	1	4
7	5	6	4	3	1	8	9	2
4	1	5	3	9	2	7	8	6
3	9	2	8	4	6	1	7	5
2	8	1	7	6	9	5	4	3

NO. 6-22

7	8	9	4	1	2	5	3	6
9	2	5	1	8	3	6	4	7
1	3	2	6	4	7	9	5	8
6	4	3	5	7	8	1	9	2
8	5	1	9	2	6	4	7	3
3	7	4	8	6	5	2	1	9
4	1	6	2	3	9	7	8	5
5	6	7	3	9	1	8	2	4
2	9	8	7	5	4	3	6	1

NO. 6-23

5	7	1	3	9	8	2	4	6
4	8	6	5	1	2	7	3	9
2	9	3	6	4	7	1	8	5
3	5	9	2	6	4	8	1	7
8	4	2	1	7	5	9	6	3
1	6	7	8	3	9	5	2	4
7	1	5	4	8	6	3	9	2
6	2	8	9	5	3	4	7	1
9	3	4	7	2	1	6	5	8

NO. 6-24

2	7	4	5	6	8	9	1	3
5	3	9	2	1	4	8	7	6
6	9	8	1	4	3	7	2	5
1	2	3	6	7	9	5	8	4
4	8	5	7	3	1	2	6	9
3	1	2	9	8	6	4	5	7
9	6	1	8	5	7	3	4	2
8	5	7	4	9	2	6	3	1
7	4	6	3	2	5	1	9	8

NO. 6-25

6	9	4	7	8	5	1	3	2
1	2	3	4	5	9	8	7	6
9	3	5	8	7	2	6	4	1
8	4	2	6	9	1	3	5	7
5	1	7	2	4	6	9	8	3
7	6	9	3	2	8	4	1	5
4	8	6	5	1	3	7	2	9
2	7	1	9	3	4	5	6	8
3	5	8	1	6	7	2	9	4

NO. 6-26

6	9	8	7	3	1	5	4	2
4	1	5	2	9	8	7	6	3
3	2	1	8	5	7	6	9	4
2	7	6	3	4	9	1	5	8
9	4	7	1	6	2	8	3	5
8	5	4	9	1	3	2	7	6
7	3	2	6	8	5	4	1	9
1	6	3	5	2	4	9	8	7
5	8	9	4	7	6	3	2	1

NO. 6-27

9	5	2	3	4	6	7	8	1
3	1	7	9	8	2	6	5	4
4	7	6	8	2	1	5	9	3
8	9	1	4	5	7	3	6	2
2	6	3	5	1	8	9	4	7
1	8	9	7	6	4	2	3	5
7	4	8	6	3	5	1	2	9
6	3	5	2	7	9	4	1	8
5	2	4	1	9	3	8	7	6

NO. 6-28

4	5	6	1	7	8	2	9	3
6	8	2	7	5	9	3	1	4
7	9	8	3	1	4	6	2	5
3	1	9	2	4	5	7	6	8
5	2	7	6	8	3	1	4	9
9	4	1	5	3	2	8	7	6
1	7	3	8	9	6	4	5	2
2	3	4	9	6	7	5	8	1
8	6	5	4	2	1	9	3	7

NO. 6-29

4	6	9	2	8	7	1	3	5
3	7	5	4	9	1	6	2	8
1	8	2	5	3	6	9	7	4
2	4	8	1	5	3	7	9	6
7	3	1	9	6	4	8	5	2
9	5	6	7	2	8	4	1	3
6	9	4	3	7	5	2	8	1
5	1	7	8	4	2	3	6	9
8	2	3	6	1	9	5	4	7

NO. 6-30

2	7	9	5	4	8	6	3	1
6	4	3	2	1	7	8	5	9
7	9	5	1	8	3	4	6	2
3	8	2	6	9	1	7	4	5
1	6	7	4	2	9	5	8	3
5	3	1	8	7	4	9	2	6
8	2	4	9	5	6	3	1	7
4	5	6	7	3	2	1	9	8
9	1	8	3	6	5	2	7	4

NO. 6-31

9	4	8	5	1	3	7	6	2
1	5	2	3	6	8	9	4	7
8	6	4	1	7	2	5	3	9
3	7	9	8	4	6	1	2	5
6	3	5	7	2	9	8	1	4
5	2	6	4	9	1	3	7	8
2	1	3	9	5	7	4	8	6
7	9	1	2	8	4	6	5	3
4	8	7	6	3	5	2	9	1

NO. 6-32

3	4	5	8	9	6	2	1	7
9	1	2	6	4	7	5	8	3
2	3	6	7	1	8	4	5	9
8	9	4	5	3	2	6	7	1
7	5	1	4	8	3	9	6	2
1	7	3	2	6	5	8	9	4
6	2	8	9	7	1	3	4	5
5	8	9	1	2	4	7	3	6
4	6	7	3	5	9	1	2	8

NO. 6-33

1	2	3	7	4	5	8	6	9
3	5	8	4	2	6	9	7	1
4	6	5	9	7	1	3	8	2
9	7	6	8	1	2	4	3	5
2	8	4	3	5	9	7	1	6
6	1	7	2	9	8	5	4	3
7	4	9	5	6	3	1	2	8
8	9	1	6	3	4	2	5	7
5	3	2	1	8	7	6	9	4

NO. 6-34

4	1	2	6	7	3	9	8	5
6	3	9	8	1	5	4	7	2
7	5	8	2	4	9	1	6	3
9	7	1	5	8	4	3	2	6
8	2	5	1	3	6	7	9	4
3	6	4	9	2	7	5	1	8
1	4	6	3	9	2	8	5	7
5	8	3	7	6	1	2	4	9
2	9	7	4	5	8	6	3	1

NO. 6-35

9	5	7	3	2	6	4	1	8
4	2	1	9	8	5	6	3	7
5	7	3	8	6	1	2	4	9
1	6	9	4	7	8	5	2	3
8	4	5	2	9	7	3	6	1
3	1	8	6	5	2	7	9	4
6	9	2	7	3	4	1	8	5
2	3	4	5	1	9	8	7	6
7	8	6	1	4	3	9	5	2

NO. 6-36

8	3	7	4	9	2	6	5	1
9	4	1	2	5	7	8	3	6
7	5	3	9	6	1	4	2	8
2	6	8	7	3	5	9	1	4
5	2	4	6	1	8	7	9	3
4	1	5	3	8	9	2	6	7
1	9	2	8	4	6	3	7	5
6	8	9	1	7	3	5	4	2
3	7	6	5	2	4	1	8	9

NO. 6-37

2	3	4	8	5	6	9	7	1
4	6	9	5	3	7	1	8	2
5	7	6	1	8	2	4	9	3
1	8	7	9	2	3	5	4	6
3	9	5	4	6	1	8	2	7
7	2	8	3	1	9	6	5	4
8	5	1	6	7	4	2	3	9
9	1	2	7	4	5	3	6	8
6	4	3	2	9	8	7	1	5

NO. 6-38

7	4	5	8	6	1	9	2	3
1	9	8	4	2	3	7	6	5
2	6	3	5	9	7	1	4	8
5	7	2	6	8	9	4	3	1
9	3	6	1	5	4	2	8	7
8	1	4	7	3	2	5	9	6
4	2	1	3	7	6	8	5	9
3	5	7	9	4	8	6	1	2
6	8	9	2	1	5	3	7	4

NO. 6-39

4	7	2	5	6	3	8	1	9
8	9	1	2	3	7	6	5	4
7	1	3	6	5	9	4	2	8
6	2	9	4	7	8	1	3	5
3	8	5	9	2	4	7	6	1
5	4	7	1	9	6	2	8	3
2	6	4	3	8	1	5	9	7
9	5	8	7	1	2	3	4	6
1	3	6	8	4	5	9	7	2

NO. 6-40

1	4	3	2	7	5	9	8	6
8	5	9	6	4	3	2	1	7
7	6	5	3	9	2	1	4	8
6	2	1	7	8	4	5	9	3
4	8	2	5	1	6	3	7	9
3	9	8	4	5	7	6	2	1
2	7	6	1	3	9	8	5	4
5	1	7	9	6	8	4	3	2
9	3	4	8	2	1	7	6	5

NO. 6-41

5	6	7	2	8	9	3	1	4
7	9	3	8	6	1	4	2	5
8	1	9	4	2	5	7	3	6
4	2	1	3	5	6	8	7	9
6	3	8	7	9	4	2	5	1
1	5	2	6	4	3	9	8	7
2	8	4	9	1	7	5	6	3
3	4	5	1	7	8	6	9	2
9	7	6	5	3	2	1	4	8

NO. 6-42

7	4	5	9	1	6	3	2	8
9	6	3	2	4	8	7	1	5
1	8	2	5	7	3	4	9	6
3	1	4	8	2	7	6	5	9
2	5	8	4	6	9	1	3	7
6	9	7	3	5	1	8	4	2
4	7	9	6	3	5	2	8	1
8	2	6	1	9	4	5	7	3
5	3	1	7	8	2	9	6	4

NO. 6-43

1	4	8	2	3	9	5	7	6
5	6	7	8	9	4	3	2	1
4	7	9	3	2	6	1	8	5
3	8	6	1	4	5	7	9	2
9	5	2	6	8	1	4	3	7
2	1	4	7	6	3	8	5	9
8	3	1	9	5	7	2	6	4
6	2	5	4	7	8	9	1	3
7	9	3	5	1	2	6	4	8

NO. 6-44

4	7	6	5	1	8	3	2	9
2	8	3	9	7	6	5	4	1
1	9	8	6	3	5	4	7	2
9	5	4	1	2	7	8	3	6
7	2	5	8	4	9	6	1	3
6	3	2	7	8	1	9	5	4
5	1	9	4	6	3	2	8	7
8	4	1	3	9	2	7	6	5
3	6	7	2	5	4	1	9	8

NO. 6-45

8	9	1	5	2	3	6	4	7
1	3	6	2	9	4	7	5	8
2	4	3	7	5	8	1	6	9
7	5	4	6	8	9	2	1	3
9	6	2	1	3	7	5	8	4
4	8	5	9	7	6	3	2	1
5	2	7	3	4	1	8	9	6
6	7	8	4	1	2	9	3	5
3	1	9	8	6	5	4	7	2

NO. 6-46

4	7	3	5	1	2	9	8	6
2	1	6	8	4	9	7	5	3
9	5	8	6	7	3	1	2	4
6	9	5	2	3	7	4	1	8
7	8	2	4	5	1	6	3	9
1	3	4	9	8	6	2	7	5
8	4	1	7	9	5	3	6	2
5	6	7	3	2	4	8	9	1
3	2	9	1	6	8	5	4	7

NO. 6-47

4	9	2	7	6	1	8	5	3
8	6	5	4	3	9	1	7	2
9	2	7	3	1	5	6	8	4
5	1	4	8	2	3	9	6	7
3	8	9	6	4	2	7	1	5
7	5	3	1	9	6	2	4	8
1	4	6	2	7	8	5	3	9
6	7	8	9	5	4	3	2	1
2	3	1	5	8	7	4	9	6

NO. 6-48

9	1	2	5	6	3	8	7	4
6	7	8	3	1	4	2	5	9
8	9	3	4	7	5	1	2	6
5	6	1	2	9	8	3	4	7
4	2	7	1	5	9	6	3	8
7	4	9	8	3	2	5	6	1
3	8	5	6	4	7	9	1	2
2	5	6	7	8	1	4	9	3
1	3	4	9	2	6	7	8	5

NO. 6-49

2	6	1	7	3	5	9	8	4
3	7	4	5	8	1	2	6	9
1	8	6	3	9	4	7	5	2
5	9	2	1	6	8	3	4	7
8	5	7	9	4	2	1	3	6
7	4	8	6	2	3	5	9	1
4	3	5	2	7	9	6	1	8
9	2	3	4	1	6	8	7	5
6	1	9	8	5	7	4	2	3

NO. 6-50

1	2	3	6	7	4	9	8	5
7	8	9	4	2	5	3	6	1
9	1	4	5	8	6	2	3	7
6	7	2	3	1	9	4	5	8
5	3	8	2	6	1	7	4	9
8	5	1	9	4	3	6	7	2
4	9	6	7	5	8	1	2	3
3	6	7	8	9	2	5	1	4
2	4	5	1	3	7	8	9	6

NO. 7-1

9	5	3	6	7	2	4	8	1						
1	2	8	4	3	5	7	9	6						
7	4	6	1	8	9	5	3	2						
6	9	4	8	5	1	3	2	7						
2	1	5	7	9	3	8	6	4						
8	3	7	2	6	4	9	1	5						
4	8	9	5	2	6	1	7	3	2	4	8	5	6	9
5	7	2	3	1	8	6	4	9	5	7	1	2	8	3
3	6	1	9	4	7	2	5	8	9	6	3	4	7	1
						9	1	5	6	8	7	3	4	2
						8	3	2	4	1	5	7	9	6
						7	6	4	3	9	2	8	1	5
						3	9	6	7	5	4	1	2	8
						4	2	1	8	3	9	6	5	7
						5	8	7	1	2	6	9	3	4

NO. 7-2

4	8	2	6	1	5	9	7	3						
5	9	6	2	3	7	4	1	8						
3	1	7	9	8	4	2	5	6						
2	7	4	1	9	3	6	8	5						
9	6	1	4	5	8	3	2	7						
8	5	3	7	2	6	1	4	9						
7	3	9	5	4	2	8	6	1	3	5	4	7	9	2
1	2	5	8	6	9	7	3	4	2	8	9	1	5	6
6	4	8	3	7	1	5	9	2	6	7	1	4	8	3
						3	2	7	5	9	8	6	4	1
						6	4	9	1	2	3	5	7	8
						1	8	5	4	6	7	2	3	9
						9	1	8	7	4	2	3	6	5
						2	7	6	8	3	5	9	1	4
						4	5	3	9	1	6	8	2	7

NO. 7-3

1	8	9	3	4	2	5	6	7						
2	6	5	8	7	1	4	9	3						
7	4	3	5	9	6	8	2	1						
9	1	7	2	5	4	6	3	8						
8	5	4	1	6	3	2	7	9						
3	2	6	9	8	7	1	5	4						
5	7	1	4	2	9	3	8	6	1	4	2	5	7	9
4	9	2	6	3	8	7	1	5	6	3	9	8	2	4
6	3	8	7	1	5	9	4	2	8	7	5	6	3	1
						5	7	4	2	9	1	3	8	6
						1	3	8	4	6	7	9	5	2
						6	2	9	5	8	3	1	4	7
						2	6	7	9	5	8	4	1	3
						8	9	1	3	2	4	7	6	5
						4	5	3	7	1	6	2	9	8

NO. 7-4

7	2	8	6	1	9	3	5	4						
4	1	9	5	3	8	6	7	2						
5	6	3	2	4	7	8	1	9						
9	3	2	7	6	4	5	8	1						
8	7	5	3	2	1	9	4	6						
1	4	6	8	9	5	7	2	3						
3	8	4	1	7	6	2	9	5	1	7	3	8	4	6
6	5	1	9	8	2	4	3	7	9	6	8	5	2	1
2	9	7	4	5	3	1	6	8	2	4	5	9	3	7
						9	4	1	6	2	7	3	5	8
						7	2	3	8	5	4	1	6	9
						5	8	6	3	9	1	4	7	2
						6	5	2	4	8	9	7	1	3
						8	1	4	7	3	2	6	9	5
						3	7	9	5	1	6	2	8	4

NO. 7-5

4	1	3	8	5	2	7	9	6						
5	2	8	9	6	7	1	3	4						
6	7	9	3	4	1	2	8	5						
9	6	5	1	7	4	3	2	8						
7	4	1	2	8	3	6	5	9						
8	3	2	5	9	6	4	1	7						
2	8	7	6	3	9	5	4	1	3	9	6	7	2	8
3	9	6	4	1	5	8	7	2	1	5	4	6	3	9
1	5	4	7	2	8	9	6	3	2	8	7	4	1	5
						6	3	7	8	1	2	9	5	4
						4	9	5	7	6	3	2	8	1
						1	2	8	5	4	9	3	7	6
						2	8	9	4	7	5	1	6	3
						3	1	6	9	2	8	5	4	7
						7	5	4	6	3	1	8	9	2

NO. 7-6

6	9	7	2	5	8	3	1	4						
5	8	2	1	4	3	9	7	6						
4	3	1	7	6	9	8	2	5						
1	4	5	9	3	6	7	8	2						
3	6	9	8	2	7	4	5	1						
2	7	8	5	1	4	6	9	3						
8	2	3	4	7	1	5	6	9	7	1	4	3	8	2
7	1	4	6	9	5	2	3	8	9	5	6	4	7	1
9	5	6	3	8	2	1	4	7	8	2	3	6	9	5
						4	7	3	2	9	8	1	5	6
						6	1	5	3	4	7	8	2	9
						9	8	2	5	6	1	7	3	4
						8	2	1	6	3	5	9	4	7
						7	9	4	1	8	2	5	6	3
						3	5	6	4	7	9	2	1	8

NO. 7-7

5	2	8	9	6	7	1	3	4						
4	1	3	8	5	2	7	9	6						
6	7	9	3	4	1	2	8	5						
7	4	1	2	8	3	6	5	9						
9	6	5	1	7	4	3	2	8						
8	3	2	5	9	6	4	1	7						
3	9	6	4	1	5	8	7	2	1	5	4	6	3	9
2	8	7	6	3	9	5	4	1	3	9	6	7	2	8
1	5	4	7	2	8	9	6	3	2	8	7	4	1	5
						4	9	5	7	6	3	2	8	1
						6	3	7	8	1	2	9	5	4
						1	2	8	5	4	9	3	7	6
						3	1	6	9	2	8	5	4	7
						2	8	9	4	7	5	1	6	3
						7	5	4	6	3	1	8	9	2

NO. 7-8

5	8	2	1	4	3	9	7	6						
6	9	7	2	5	8	3	1	4						
4	3	1	7	6	9	8	2	5						
3	6	9	8	2	7	4	5	1						
1	4	5	9	3	6	7	8	2						
2	7	8	5	1	4	6	9	3						
7	1	4	6	9	5	2	3	8	9	5	6	4	7	1
8	2	3	4	7	1	5	6	9	7	1	4	3	8	2
9	5	6	3	8	2	1	4	7	8	2	3	6	9	5
						6	1	5	3	4	7	8	2	9
						4	7	3	2	9	8	1	5	6
						9	8	2	5	6	1	7	3	4
						7	9	4	1	8	2	5	6	3
						8	2	1	6	3	5	9	4	7
						3	5	6	4	7	9	2	1	8

NO. 7-9

1	9	7	6	2	3	8	4	5						
4	3	8	9	5	1	2	7	6						
5	6	2	7	8	4	3	1	9						
3	8	4	5	1	9	7	6	2						
6	2	5	8	4	7	1	9	3						
9	7	1	2	3	6	4	5	8						
2	5	6	4	7	8	9	3	1	7	6	5	8	4	2
7	1	9	3	6	2	5	8	4	2	9	3	1	7	6
8	4	3	1	9	5	6	2	7	4	1	8	3	5	9
						4	5	8	3	2	9	6	1	7
						7	6	2	8	4	1	9	3	5
						1	9	3	5	7	6	2	8	4
						2	7	6	1	8	4	5	9	3
						3	1	9	6	5	7	4	2	8
						8	4	5	9	3	2	7	6	1

NO. 7-10

9	1	3	4	8	7	2	6	5						
6	7	2	1	5	9	8	3	4						
5	4	8	3	2	6	7	9	1						
7	2	6	5	9	1	3	4	8						
4	8	5	2	6	3	9	1	7						
1	3	9	8	7	4	6	5	2						
8	5	4	6	3	2	1	7	9	3	4	5	2	6	8
3	9	1	7	4	8	5	2	6	8	1	7	9	3	4
2	6	7	9	1	5	4	8	3	6	9	2	7	5	1
						6	5	2	7	8	1	4	9	3
						3	4	8	2	6	9	1	7	5
						9	1	7	5	3	4	8	2	6
						8	3	4	9	2	6	5	1	7
						7	9	1	4	5	3	6	8	2
						2	6	5	1	7	8	3	4	9

NO. 7-11

4	7	1	8	2	3	5	6	9						
6	9	5	7	1	4	2	3	8						
3	8	2	9	5	6	1	4	7						
2	5	8	6	9	7	3	1	4						
1	4	3	5	8	2	9	7	6						
7	6	9	4	3	1	8	2	5						
9	3	6	1	4	5	7	8	2	5	1	4	3	6	9
8	2	7	3	6	9	4	5	1	9	3	6	2	7	8
5	1	4	2	7	8	6	9	3	8	2	7	1	4	5
						1	3	6	2	9	8	4	5	7
						8	2	9	7	4	5	6	1	3
						5	7	4	3	6	1	9	8	2
						9	4	5	6	7	3	8	2	1
						3	6	7	1	8	2	5	9	4
						2	1	8	4	5	9	7	3	6

NO. 7-12

6	3	9	2	8	7	5	4	1						
4	1	5	3	9	6	8	7	2						
7	2	8	1	5	4	9	6	3						
8	5	2	4	1	3	7	9	6						
9	6	7	5	2	8	1	3	4						
3	4	1	6	7	9	2	8	5						
1	7	4	9	6	5	3	2	8	5	9	6	7	4	1
2	8	3	7	4	1	6	5	9	1	7	4	8	3	2
5	9	6	8	3	2	4	1	7	2	8	3	9	6	5
						9	7	4	8	1	2	6	5	3
						2	8	1	3	6	5	4	9	7
						5	3	6	7	4	9	1	2	8
						1	6	5	4	3	7	2	8	9
						7	4	3	9	2	8	5	1	6
						8	9	2	6	5	1	3	7	4

NO. 7-13

8	2	3	4	7	1	5	6	9						
7	1	4	6	9	5	2	3	8						
9	5	6	3	8	2	1	4	7						
6	9	7	2	5	8	3	1	4						
5	8	2	1	4	3	9	7	6						
4	3	1	7	6	9	8	2	5						
1	4	5	9	3	6	7	8	2	3	6	9	5	1	4
3	6	9	8	2	7	4	5	1	2	7	8	9	3	6
2	7	8	5	1	4	6	9	3	1	4	5	8	2	7
						1	3	6	4	5	7	2	9	8
						8	2	9	6	1	3	7	4	5
						5	7	4	9	8	2	3	6	1
						9	4	5	8	2	1	6	7	3
						3	6	7	5	9	4	1	8	2
						2	1	8	7	3	6	4	5	9

NO. 7-14

2	8	7	6	3	9	5	4	1						
3	9	6	4	1	5	8	7	2						
1	5	4	7	2	8	9	6	3						
4	1	3	8	5	2	7	9	6						
5	2	8	9	6	7	1	3	4						
6	7	9	3	4	1	2	8	5						
9	6	5	1	7	4	3	2	8	7	4	1	5	9	6
7	4	1	2	8	3	6	5	9	8	3	2	1	7	4
8	3	2	5	9	6	4	1	7	9	6	5	2	8	3
						9	7	4	6	5	3	8	1	2
						2	8	1	4	9	7	3	6	5
						5	3	6	1	2	8	7	4	9
						1	6	5	2	8	9	4	3	7
						7	4	3	5	1	6	9	2	8
						8	9	2	3	7	4	6	5	1

NO.7-15

3	2	8	1	7	4	9	6	5						
4	1	7	5	9	6	8	3	2						
6	5	9	2	8	3	7	4	1						
7	9	6	8	5	2	4	1	3						
2	8	5	3	4	1	6	7	9						
1	3	4	9	6	7	5	2	8						
5	4	1	6	3	9	2	8	7	9	6	3	4	1	5
9	6	3	7	2	8	1	5	4	8	7	2	6	3	9
8	7	2	4	1	5	3	9	6	5	4	1	7	2	8
						6	3	1	7	5	4	8	9	2
						9	2	8	3	1	6	5	4	7
						4	7	5	2	8	9	1	6	3
						5	4	9	1	2	8	3	7	6
						7	6	3	4	9	5	2	8	1
						8	1	2	6	3	7	9	5	4

NO.7-16

4	1	7	6	5	9	3	2	8						
8	3	2	7	4	1	9	6	5						
5	9	6	2	8	3	1	7	4						
2	8	5	1	3	4	7	9	6						
6	7	9	5	2	8	4	1	3						
3	4	1	9	6	7	8	5	2						
9	6	3	8	7	2	5	4	1	7	2	8	3	9	6
1	5	4	3	9	6	2	8	7	9	6	3	4	1	5
7	2	8	4	1	5	6	3	9	1	5	4	8	7	2
						8	6	3	4	1	9	2	5	7
						1	9	4	5	7	2	6	3	8
						7	2	5	3	8	6	9	4	1
						9	7	2	6	3	5	1	8	4
						3	5	6	8	4	1	7	2	9
						4	1	8	2	9	7	5	6	3

NO.7-17

6	9	3	4	5	1	7	8	2						
2	7	8	3	6	9	1	4	5						
5	1	4	8	2	7	9	3	6						
8	2	5	9	7	6	3	1	4						
4	3	1	5	8	2	6	9	7						
7	6	9	1	4	3	2	5	8						
1	4	7	2	3	8	5	6	9	3	8	2	7	1	4
9	5	6	7	1	4	8	2	3	1	4	7	6	9	5
3	8	2	6	9	5	4	7	1	9	5	6	2	3	8
						2	4	7	6	9	1	8	5	3
						9	1	6	5	3	8	4	7	2
						3	8	5	7	2	4	1	6	9
						1	3	8	4	7	5	9	2	6
						7	5	4	2	6	9	3	8	1
						6	9	2	8	1	3	5	4	7

NO.7-18

4	7	1	6	9	5	3	8	2						
8	2	3	7	1	4	9	5	6						
5	6	9	2	3	8	1	4	7						
2	5	8	1	4	3	7	6	9						
6	9	7	5	8	2	4	3	1						
3	1	4	9	7	6	8	2	5						
9	3	6	8	2	7	5	1	4	7	8	2	3	6	9
1	4	5	3	6	9	2	7	8	9	3	6	4	5	1
7	8	2	4	5	1	6	9	3	1	4	5	8	2	7
						8	3	6	4	9	1	2	7	5
						1	4	9	5	2	7	6	8	3
						7	5	2	3	6	8	9	1	4
						9	2	7	6	5	3	1	4	8
						3	6	5	8	1	4	7	9	2
						4	8	1	2	7	9	5	3	6

NO.7-19

6	3	9	4	1	5	7	2	8						
2	8	7	3	9	6	1	5	4						
5	4	1	8	7	2	9	6	3						
8	5	2	9	6	7	3	4	1						
4	1	3	5	2	8	6	7	9						
7	9	6	1	3	4	2	8	5						
1	7	4	2	8	3	5	9	6	3	2	8	7	4	1
9	6	5	7	4	1	8	3	2	1	7	4	6	5	9
3	2	8	6	5	9	4	1	7	9	6	5	2	8	3
						2	7	4	6	1	9	8	3	5
						9	6	1	5	8	3	4	2	7
						3	5	8	7	4	2	1	9	6
						1	8	3	4	5	7	9	6	2
						7	4	5	2	9	6	3	1	8
						6	2	9	8	3	1	5	7	4

NO.7-20

1	7	4	5	9	6	2	8	3						
3	2	8	4	1	7	6	5	9						
9	6	5	8	3	2	7	4	1						
8	5	2	3	4	1	9	6	7						
7	9	6	2	8	5	1	3	4						
4	1	3	6	7	9	5	2	8						
6	3	9	7	2	8	4	1	5	2	8	7	9	6	3
5	4	1	9	6	3	8	7	2	6	3	9	1	5	4
2	8	7	1	5	4	3	9	6	5	4	1	7	2	8
						6	3	8	1	9	4	5	7	2
						9	4	1	7	2	5	3	8	6
						2	5	7	8	6	3	4	1	9
						7	2	9	3	5	6	8	4	1
						5	6	3	4	1	8	2	9	7
						1	8	4	9	7	2	6	3	5

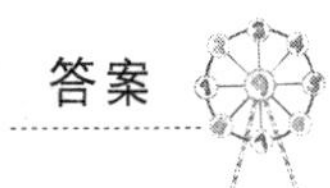

NO. 7-21

9	6	2	7	5	3	1	8	4												
5	3	8	2	1	4	7	9	6												
1	7	4	9	8	6	2	3	5												
2	1	3	6	9	5	8	4	7												
8	4	7	3	2	1	6	5	9												
6	9	5	8	4	7	3	2	1												
3	2	6	4	7	9	5	1	8	4	7	6	9	3	2						
4	8	1	5	6	2	9	7	3	2	5	1	6	8	4						
7	5	9	1	3	8	4	6	2	9	8	3	7	1	5						
						2	9	4	1	3	8	5	7	6						
						7	3	1	5	6	2	8	4	9						
						8	5	6	7	4	9	1	2	3						
						6	2	5	8	1	4	3	9	7	6	5	2	8	1	4
						1	4	7	3	9	5	2	6	8	1	9	4	3	5	7
						3	8	9	6	2	7	4	5	1	7	3	8	9	6	2
												1	3	9	2	7	5	6	4	8
												7	2	6	8	4	3	1	9	5
												8	4	5	9	1	6	2	7	3
												9	1	4	3	2	7	5	8	6
												6	7	2	5	8	1	4	3	9
												5	8	3	4	6	9	7	2	1

NO. 7-22

5	7	4	8	1	2	3	9	6												
6	8	3	9	5	4	7	2	1												
9	2	1	6	3	7	8	5	4												
1	5	7	4	2	3	6	8	9												
3	6	2	5	9	8	1	4	7												
4	9	8	7	6	1	2	3	5												
2	3	5	1	4	6	9	7	8	1	6	5	3	2	4						
7	4	6	2	8	9	5	1	3	4	2	8	6	9	7						
8	1	9	3	7	5	4	6	2	3	7	9	1	5	8						
						8	3	7	6	1	2	9	4	5						
						2	9	1	7	5	4	8	6	3						
						6	5	4	8	9	3	2	7	1						
						7	4	6	2	8	1	5	3	9	2	6	1	8	7	4
						3	8	9	5	4	6	7	1	2	8	9	4	6	5	3
						1	2	5	9	3	7	4	8	6	5	3	7	2	1	9
												9	5	1	6	2	3	4	8	7
												6	2	3	4	7	8	1	9	5
												8	7	4	1	5	9	3	6	2
												2	6	7	3	1	5	9	4	8
												1	9	8	7	4	2	5	3	6
												3	4	5	9	8	6	7	2	1

NO.7-23

9	3	5	6	1	8	4	2	7												
4	1	6	5	7	2	3	8	9												
7	8	2	9	3	4	5	6	1												
5	4	8	1	2	9	7	3	6												
2	9	7	8	6	3	1	5	4												
1	6	3	4	5	7	8	9	2												
3	7	4	2	8	6	9	1	5	3	7	6	4	8	2						
6	5	9	3	4	1	2	7	8	9	1	4	5	3	6						
8	2	1	7	9	5	6	4	3	8	5	2	7	9	1						
						8	3	4	7	6	1	2	5	9						
						1	5	9	4	2	3	8	6	7						
						7	6	2	5	8	9	1	4	3						
						5	9	7	2	3	8	6	1	4	8	3	2	9	7	5
						3	8	1	6	4	7	9	2	5	7	1	6	8	4	3
						4	2	6	1	9	5	3	7	8	9	5	4	6	1	2
												2	4	7	6	9	5	3	8	1
												1	5	3	4	8	7	2	9	6
												8	9	6	1	2	3	4	5	7
												4	3	1	5	6	9	7	2	8
												7	8	2	3	4	1	5	6	9
												5	6	9	2	7	8	1	3	4

NO.7-24

5	7	1	8	3	6	2	9	4				2	6	5	9	8	4	7	3	1
8	6	2	9	4	5	1	3	7				9	3	8	1	5	7	4	6	2
9	3	4	2	1	7	6	5	8				1	4	7	6	2	3	8	9	5
4	8	7	6	9	3	5	1	2				8	1	6	5	9	2	3	7	4
1	9	6	5	8	2	7	4	3				5	2	3	7	4	8	9	1	6
2	5	3	1	7	4	9	8	6				4	7	9	3	1	6	2	5	8
3	1	8	7	6	9	4	2	5	6	9	3	7	8	1	2	3	5	6	4	9
6	2	9	4	5	8	3	7	1	8	2	5	6	9	4	8	7	1	5	2	3
7	4	5	3	2	1	8	6	9	7	4	1	3	5	2	4	6	9	1	8	7
						2	8	7	9	3	6	1	4	5						
						1	3	4	5	8	2	9	7	6						
						9	5	6	4	1	7	8	2	3						
						5	9	3	2	6	8	4	1	7						
						7	1	8	3	5	4	2	6	9						
						6	4	2	1	7	9	5	3	8						

NO. 7-25

9	4	7	1	3	8	2	6	5				5	4	1	6	8	9	3	7	2
5	3	1	9	2	6	4	7	8				8	6	2	7	3	1	4	9	5
8	2	6	7	5	4	9	3	1				7	3	9	5	2	4	6	8	1
7	9	3	2	6	1	8	5	4				2	7	8	4	5	3	1	6	9
1	5	2	8	4	7	6	9	3				6	9	5	8	1	2	7	3	4
6	8	4	5	9	3	1	2	7				3	1	4	9	7	6	5	2	8
4	7	9	3	8	2	5	1	6	3	8	9	4	2	7	1	6	8	9	5	3
3	6	5	4	1	9	7	8	2	1	4	6	9	5	3	2	4	7	8	1	6
2	1	8	6	7	5	3	4	9	5	2	7	1	8	6	3	9	5	2	4	7
						4	2	7	9	3	1	8	6	5						
						9	6	8	4	7	5	3	1	2						
						1	3	5	2	6	8	7	4	9						
						8	7	1	6	9	2	5	3	4						
						2	9	4	8	5	3	6	7	1						
						6	5	3	7	1	4	2	9	8						

NO. 7-26

7	8	2	6	4	9	3	1	5				3	5	4	7	2	8	6	1	9
5	1	9	8	2	3	6	7	4				6	7	2	4	1	9	5	3	8
3	6	4	7	1	5	2	9	8				8	1	9	5	6	3	2	4	7
9	7	5	4	3	6	1	8	2				5	8	1	9	3	2	7	6	4
6	2	3	1	7	8	4	5	9				9	4	6	8	7	5	3	2	1
8	4	1	5	9	2	7	6	3				7	2	3	1	4	6	8	9	5
2	9	7	3	5	1	8	4	6	3	7	1	2	9	5	3	8	4	1	7	6
4	3	6	9	8	7	5	2	1	8	6	9	4	3	7	6	5	1	9	8	2
1	5	8	2	6	4	9	3	7	5	4	2	1	6	8	2	9	7	4	5	3
						3	5	8	7	2	6	9	4	1						
						1	6	9	4	5	8	7	2	3						
						4	7	2	1	9	3	5	8	6						
						7	1	3	9	8	4	6	5	2						
						6	9	5	2	3	7	8	1	4						
						2	8	4	6	1	5	3	7	9						

NO.7-27

1	8	9	5	4	7	2	6	3				5	6	7	3	4	2	1	8	9
4	7	3	6	1	2	9	5	8				4	9	3	8	7	1	2	6	5
6	5	2	3	9	8	7	1	4				8	2	1	5	9	6	7	4	3
8	3	7	2	5	6	4	9	1				6	3	8	2	5	4	9	1	7
9	2	6	4	3	1	5	8	7				2	7	9	1	6	3	8	5	4
5	1	4	7	8	9	3	2	6				1	5	4	9	8	7	3	2	6
7	9	5	8	6	3	1	4	2	9	7	5	3	8	6	4	2	9	5	7	1
2	4	8	1	7	5	6	3	9	4	2	8	7	1	5	6	3	8	4	9	2
3	6	1	9	2	4	8	7	5	1	3	6	9	4	2	7	1	5	6	3	8
						2	9	1	6	8	3	5	7	4						
						4	6	7	2	5	9	1	3	8						
						5	8	3	7	4	1	6	2	9						
						9	5	8	3	1	4	2	6	7						
						3	2	4	5	6	7	8	9	1						
						7	1	6	8	9	2	4	5	3						

NO.7-28

8	2	6	7	1	9	3	5	4				6	7	4	3	8	5	9	1	2
3	1	9	4	2	5	6	7	8				2	8	5	9	4	1	3	6	7
7	5	4	6	8	3	1	2	9				9	3	1	6	2	7	4	8	5
2	7	8	1	4	6	9	3	5				4	5	8	2	6	9	7	3	1
6	9	5	8	3	7	4	1	2				1	9	2	4	7	3	8	5	6
4	3	1	9	5	2	7	8	6				3	6	7	5	1	8	2	9	4
9	8	3	5	7	4	2	6	1	9	8	7	5	4	3	1	9	2	6	7	8
1	6	2	3	9	8	5	4	7	1	3	6	8	2	9	7	5	6	1	4	3
5	4	7	2	6	1	8	9	3	5	2	4	7	1	6	8	3	4	5	2	9
						9	5	2	6	4	3	1	8	7						
						6	7	4	8	1	9	2	3	5						
						3	1	8	7	5	2	6	9	4						
						4	2	5	3	7	8	9	6	1						
						7	8	6	4	9	1	3	5	2						
						1	3	9	2	6	5	4	7	8						

NO. 7-29

						2	5	8	9	3	6	1	7	4						
						7	9	3	1	5	4	8	6	2						
						6	4	1	8	7	2	3	9	5						
						8	1	7	2	4	9	5	3	6						
						5	3	9	6	8	7	2	4	1						
						4	2	6	5	1	3	7	8	9						
9	7	8	2	4	1	3	6	5	4	2	8	9	1	7	3	4	6	5	8	2
6	5	2	9	3	7	1	8	4	7	9	5	6	2	3	5	8	7	4	1	9
1	4	3	5	6	8	9	7	2	3	6	1	4	5	8	9	2	1	3	6	7
4	2	6	7	1	5	8	3	9				7	3	1	8	5	9	6	2	4
8	1	9	3	2	6	4	5	7				8	9	4	7	6	2	1	3	5
5	3	7	4	8	9	6	2	1				2	6	5	4	1	3	7	9	8
2	6	1	8	5	4	7	9	3	1	2	4	5	8	6	1	9	4	2	7	3
7	8	5	1	9	3	2	4	6	8	5	3	1	7	9	2	3	5	8	4	6
3	9	4	6	7	2	5	1	8	9	7	6	3	4	2	6	7	8	9	5	1
						1	5	7	2	6	8	9	3	4						
						9	6	2	3	4	1	7	5	8						
						8	3	4	5	9	7	6	2	1						
						6	2	5	4	3	9	8	1	7						
						3	8	9	7	1	2	4	6	5						
						4	7	1	6	8	5	2	9	3						

NO. 7-30

						4	5	3	1	6	7	8	2	9						
						9	2	7	5	4	8	6	3	1						
						1	8	6	3	2	9	4	7	5						
						5	3	9	7	8	4	2	1	6						
						7	6	1	2	9	3	5	4	8						
						8	4	2	6	5	1	3	9	7						
2	4	5	1	6	9	3	7	8	4	1	5	9	6	2	8	4	1	5	7	3
6	7	9	4	3	8	2	1	5	9	3	6	7	8	4	5	3	2	6	1	9
8	1	3	2	5	7	6	9	4	8	7	2	1	5	3	7	9	6	4	8	2
1	9	8	6	2	5	7	4	3				8	1	9	3	2	5	7	4	6
4	6	2	7	9	3	5	8	1				3	4	6	1	8	7	2	9	5
5	3	7	8	4	1	9	2	6				5	2	7	4	6	9	1	3	8
3	8	1	9	7	6	4	5	2	7	9	1	6	3	8	2	7	4	9	5	1
9	5	4	3	1	2	8	6	7	5	3	2	4	9	1	6	5	3	8	2	7
7	2	6	5	8	4	1	3	9	4	8	6	2	7	5	9	1	8	3	6	4
						9	2	5	3	7	4	1	8	6						
						7	1	8	6	5	9	3	4	2						
						3	4	6	2	1	8	9	5	7						
						6	9	1	8	4	5	7	2	3						
						2	8	3	9	6	7	5	1	4						
						5	7	4	1	2	3	8	6	9						

NO. 8-1

⑧	7	3	9	⑥	5	1	④	②
②	1	④	3	⑧	7	5	9	⑥
⑥	5	9	④	②	1	7	3	⑧
5	7	⑥	②	1	④	3	⑧	7
7	3	⑧	⑥	5	9	④	②	1
1	④	②	⑧	7	3	9	⑥	5
④	②	1	7	3	⑧	⑥	5	9
9	⑥	5	1	④	②	⑧	7	3
3	⑧	7	5	9	⑥	②	1	④

NO. 8-2

5	⑧	④	7	②	9	1	⑥	3
②	9	7	⑥	3	1	⑧	④	5
3	1	⑥	④	5	⑧	9	7	②
⑥	3	1	⑧	④	5	②	9	7
④	5	⑧	9	7	②	3	1	⑥
7	②	9	1	⑥	3	5	⑧	④
9	7	②	3	1	⑥	④	5	⑧
1	⑥	3	5	⑧	④	7	②	9
⑧	④	5	②	9	7	⑥	3	1

NO. 8-3

3	④	9	②	⑥	⑧	5	7	1
7	1	5	④	9	3	⑥	⑧	②
⑧	②	⑥	1	5	7	9	3	④
⑥	⑧	②	7	1	5	④	9	3
9	3	④	⑧	②	⑥	1	5	7
5	7	1	3	④	9	②	⑥	⑧
1	5	7	9	3	④	⑧	②	⑥
②	⑥	⑧	5	7	1	3	④	9
④	9	3	⑥	⑧	②	7	1	5

NO. 8-4

3	⑧	1	9	④	7	5	②	⑥
④	7	9	②	⑥	5	⑧	1	3
⑥	5	②	1	3	⑧	7	9	④
②	⑥	5	⑧	1	3	④	7	9
1	3	⑧	7	9	④	⑥	5	②
9	④	7	5	②	⑥	3	⑧	1
7	9	④	⑥	5	②	1	3	⑧
5	②	⑥	3	⑧	1	9	④	7
⑧	1	3	④	7	9	②	⑥	5

NO. 8-5

⑧	④	5	②	9	7	⑥	3	1
9	7	②	3	1	⑥	④	5	⑧
1	⑥	3	5	⑧	④	7	②	9
3	1	⑥	④	5	⑧	9	7	②
5	⑧	④	7	②	9	1	⑥	3
②	9	7	⑥	3	1	⑧	④	5
7	②	9	1	⑥	3	5	⑧	④
⑥	3	1	⑧	④	5	②	9	7
④	5	⑧	9	7	②	3	1	⑥

NO. 8-6

⑧	1	3	④	7	9	②	⑥	5
7	9	④	⑥	5	②	1	3	⑧
5	②	⑥	3	⑧	1	9	④	7
⑥	5	②	1	3	⑧	7	9	④
3	⑧	1	9	④	7	5	②	⑥
④	7	9	②	⑥	5	⑧	1	3
9	④	7	5	②	⑥	3	⑧	1
②	⑥	5	⑧	1	3	④	7	9
1	3	⑧	7	9	④	⑥	5	②

NO. 8-7

5	⑥	②	3	1	⑧	9	7	④
7	④	9	⑥	②	5	1	⑧	3
⑧	3	1	④	9	7	②	5	⑥
④	9	7	②	5	⑥	⑧	3	1
3	1	⑧	9	7	④	5	⑥	②
⑥	②	5	1	⑧	3	7	④	9
1	⑧	3	7	④	9	⑥	②	5
②	5	⑥	⑧	3	1	④	9	7
9	7	④	5	⑥	②	3	1	⑧

NO. 8-8

5	④	⑧	7	9	②	1	3	⑥
3	⑥	1	④	⑧	5	9	②	7
②	7	9	⑥	1	3	⑧	5	④
⑥	1	3	⑧	5	④	②	7	9
7	9	②	1	3	⑥	5	④	⑧
④	⑧	5	9	②	7	3	⑥	1
9	②	7	3	⑥	1	④	⑧	5
⑧	5	④	②	7	9	⑥	1	3
1	3	⑥	5	④	⑧	7	9	②

NO. 8-9

9	7	④	⑥	②	5	⑧	3	1
1	⑧	3	④	9	7	5	⑥	②
②	5	⑥	3	1	⑧	7	④	9
5	⑥	②	1	⑧	3	④	9	7
7	④	9	②	5	⑥	3	1	⑧
⑧	3	1	9	7	④	⑥	②	5
3	1	⑧	7	④	9	②	5	⑥
⑥	②	5	⑧	3	1	9	7	④
④	9	7	5	⑥	②	1	⑧	9

NO. 8-10

④	3	9	7	⑥	5	1	②	⑧
⑧	1	②	9	④	3	5	7	⑥
⑥	5	7	②	⑧	1	3	9	④
②	⑧	1	3	9	④	⑥	5	7
7	⑥	5	1	②	⑧	④	3	9
9	④	3	5	7	⑥	⑧	1	②
5	7	⑥	⑧	1	②	9	④	3
3	9	④	⑥	5	7	②	⑧	1
1	②	⑧	④	3	9	7	⑥	5

NO. 8-11

7	5	9	⑧	1	3	④	②	⑥
1	3	⑧	②	⑥	④	5	9	7
⑥	④	②	9	7	5	3	⑧	1
3	⑧	1	⑥	④	②	9	7	5
④	②	⑥	7	5	9	⑧	1	3
5	9	7	1	3	⑧	②	⑥	④
②	⑥	④	5	9	7	1	3	⑧
9	7	5	3	⑧	1	⑥	④	②
⑧	1	3	④	②	⑥	7	5	9

NO. 8-12

④	⑧	5	②	7	9	1	3	⑥
⑥	1	3	5	④	⑧	9	②	7
7	9	②	3	⑥	1	⑧	5	④
9	②	7	⑥	1	3	5	④	⑧
⑧	5	④	7	9	②	3	⑥	1
1	3	⑥	④	⑧	5	②	7	9
3	⑥	1	⑧	5	④	7	9	②
②	7	9	1	3	⑥	④	⑧	5
5	④	⑧	9	②	7	⑥	1	3

NO. 8-13

3	9	④	⑥	②	⑧	1	7	5
⑧	⑥	②	5	1	7	④	3	9
7	5	1	9	④	3	②	⑧	⑥
5	1	7	④	3	9	⑧	⑥	②
9	④	3	②	⑧	⑥	7	5	1
⑥	②	⑧	1	7	5	3	9	④
②	⑧	⑥	7	5	1	9	④	3
1	7	5	3	9	④	⑥	②	⑧
④	3	9	⑧	⑥	②	5	1	7

NO. 8-14

⑧	1	9	3	②	5	7	④	⑥
④	⑥	7	1	9	⑧	②	5	3
5	3	②	⑥	7	④	9	⑧	1
②	5	3	④	⑥	7	1	9	⑧
9	⑧	1	5	3	②	⑥	7	④
7	④	⑥	⑧	1	9	3	②	5
⑥	7	④	9	⑧	1	5	3	②
3	②	5	7	④	⑥	⑧	1	9
1	9	⑧	②	5	3	④	⑥	7

NO. 8-15

④	②	1	⑧	7	3	5	9	⑥
9	⑥	5	②	1	④	7	3	⑧
3	⑧	7	⑥	5	9	1	④	②
⑥	5	9	1	④	②	3	⑧	7
⑧	7	3	5	9	⑥	④	②	1
②	1	④	7	3	⑧	9	⑥	5
7	3	⑧	9	⑥	5	②	1	④
1	④	②	3	⑧	7	⑥	5	9
5	9	⑥	④	②	1	⑧	7	3

NO. 8-16

⑧	5	7	⑥	④	3	9	1	②
1	②	9	5	7	⑧	④	3	⑥
3	⑥	④	②	9	1	7	⑧	5
④	3	⑥	1	②	9	5	7	⑧
7	⑧	5	3	⑥	④	②	9	1
9	1	②	⑧	5	7	⑥	④	3
②	9	1	7	⑧	5	3	⑥	④
⑥	④	3	9	1	②	⑧	5	7
5	7	⑧	④	3	⑥	1	②	9

NO. 8-17

④	⑥	7	1	9	⑧	②	5	3
5	3	②	⑥	7	④	9	⑧	1
⑧	1	9	3	②	5	7	④	⑥
9	⑧	1	5	3	②	⑥	7	④
7	④	⑥	⑧	1	9	3	②	5
②	5	3	④	⑥	7	1	9	⑧
3	②	5	7	④	⑥	⑧	1	9
1	9	⑧	②	5	3	④	⑥	7
⑥	7	④	9	⑧	1	5	3	②

NO. 8-18

1	②	9	5	7	⑧	④	3	⑥
3	⑥	④	②	9	1	7	⑧	5
⑧	5	7	⑥	④	3	9	1	②
7	⑧	5	3	⑥	④	②	9	1
9	1	②	⑧	5	7	⑥	④	3
④	3	⑥	1	②	9	5	7	⑧
⑥	④	3	9	1	②	⑧	5	7
⑤	7	⑧	④	3	⑥	1	②	9
②	9	1	7	⑧	5	3	⑥	④

NO. 9-1

3	4	5	7	6	8	2	9	1
7	8	2	1	9	5	6	4	3
1	6	9	4	2	3	5	7	8
4	3	8	9	1	2	7	5	6
9	5	1	6	3	7	4	8	2
2	7	6	8	5	4	1	3	9
5	9	7	2	8	1	3	6	4
8	1	3	5	4	6	9	2	7
6	2	4	3	7	9	8	1	5

NO. 9-2

5	7	6	8	3	4	1	9	2
8	4	2	1	5	9	3	6	7
3	1	9	6	7	2	5	8	4
1	8	5	4	2	6	7	3	9
2	9	7	3	1	8	4	5	6
6	3	4	7	9	5	8	2	1
7	5	8	9	6	1	2	4	3
4	6	3	2	8	7	9	1	5
9	2	1	5	4	3	6	7	8

NO. 9-3

9	2	6	8	1	3	5	4	7
1	4	7	5	2	6	8	3	9
3	8	5	7	9	4	1	6	2
2	9	4	1	3	7	6	5	8
7	5	3	6	4	8	2	9	1
6	1	8	9	5	2	4	7	3
4	7	2	3	8	5	9	1	6
8	6	9	4	7	1	3	2	5
5	3	1	2	6	9	7	8	4

NO. 9-4

8	7	6	1	2	9	5	4	3
5	1	9	3	6	4	2	8	7
3	4	2	8	5	7	9	6	1
2	9	1	6	7	5	8	3	4
7	6	3	2	4	8	1	5	9
4	8	5	9	1	3	6	7	2
1	2	8	4	3	6	7	9	5
6	5	4	7	9	2	3	1	8
9	3	7	5	8	1	4	2	6

NO. 9-5

3	4	2	8	5	7	1	6	9
5	1	9	3	6	4	7	8	2
8	7	6	1	2	9	3	4	5
4	8	5	9	1	3	2	7	6
7	6	3	2	4	8	9	5	1
2	9	1	6	7	5	4	3	8
9	3	7	5	8	1	6	2	4
6	5	4	7	9	2	8	1	3
1	2	8	4	3	6	5	9	7

NO. 9-6

7	5	8	9	6	1	2	4	3
4	6	3	2	8	7	9	1	5
9	2	1	5	4	3	6	7	8
3	1	9	6	7	2	5	8	4
8	4	2	1	5	9	3	6	7
5	7	6	8	3	4	1	9	2
1	8	5	4	2	6	7	3	9
2	9	7	3	1	8	4	5	6
6	3	4	7	9	5	8	2	1

NO. 9-7

4	7	5	6	2	9	1	3	8
3	9	8	7	4	1	2	6	5
6	2	1	5	8	3	9	4	7
5	8	6	4	9	2	3	7	1
9	1	2	3	5	7	4	8	6
7	3	4	8	1	6	5	2	9
1	6	9	2	7	4	8	5	3
2	5	3	9	6	8	7	1	4
8	4	7	1	3	5	6	9	2

NO. 9-8

5	1	8	9	7	3	4	2	6
7	2	9	6	4	5	3	1	8
4	6	3	1	8	2	7	9	5
9	3	1	4	5	8	6	7	2
2	8	4	7	3	6	1	5	9
6	5	7	2	1	9	8	3	4
8	7	5	3	2	4	9	6	1
3	4	6	5	9	1	2	8	7
1	9	2	8	6	7	5	4	3

NO. 9-9

8	7	6	3	4	5	1	2	9
5	1	9	7	8	2	3	6	4
3	4	2	1	6	9	8	5	7
1	2	8	5	9	7	4	3	6
6	5	4	8	1	3	7	9	2
9	3	7	6	2	4	5	8	1
4	8	5	2	7	6	9	1	3
7	6	3	9	5	1	2	4	8
2	9	1	4	3	8	6	7	5

NO. 9-10

4	5	2	1	9	3	8	7	6
1	6	3	2	8	7	9	5	4
9	8	7	6	5	4	3	2	1
6	9	5	3	7	8	4	1	2
2	1	8	4	6	9	5	3	7
7	3	4	5	1	2	6	8	9
3	7	6	9	2	5	1	4	8
8	4	1	7	3	6	2	9	5
5	2	9	8	4	1	7	6	3

NO. 9-11

3	5	7	6	1	9	8	2	4
6	1	2	8	4	5	9	3	7
4	9	8	3	7	2	5	6	1
9	4	5	1	6	8	2	7	3
2	3	6	7	9	4	1	5	8
7	8	1	5	2	3	4	9	6
8	7	9	2	3	1	6	4	5
5	6	4	9	8	7	3	1	2
1	2	3	4	5	6	7	8	9

NO. 9-12

3	5	8	6	7	2	4	9	1
7	2	4	9	3	1	5	8	6
6	9	1	5	4	8	2	7	3
9	8	7	3	5	4	1	6	2
2	4	3	7	1	6	9	5	8
5	1	6	8	2	9	3	4	7
1	7	2	4	6	5	8	3	9
4	6	9	1	8	3	7	2	5
8	3	5	2	9	7	6	1	4

NO. 9-13

5	2	9	8	4	1	7	6	3
3	7	6	9	2	5	1	4	8
8	4	1	7	3	6	2	9	5
4	5	2	1	9	3	8	7	6
9	8	7	6	5	4	3	2	1
1	6	3	2	8	7	9	5	4
7	3	4	5	1	2	6	8	9
6	9	5	3	7	8	4	1	2
2	1	8	4	6	9	5	3	7

NO. 9-14

8	4	1	7	3	6	2	9	5
3	7	6	9	2	5	1	4	8
5	2	9	8	4	1	7	6	3
7	3	4	5	1	2	6	8	9
6	9	5	3	7	8	4	1	2
2	1	8	4	6	9	5	3	7
9	8	7	6	5	4	3	2	1
1	6	3	2	8	7	9	5	4
4	5	2	1	9	3	8	7	6

NO. 9-15

6	7	8	3	9	1	2	5	4
4	5	9	7	8	2	3	6	1
1	2	3	4	5	6	7	8	9
7	3	5	9	6	4	8	1	2
2	1	4	8	7	3	5	9	6
9	8	6	2	1	5	4	3	7
3	6	7	1	4	8	9	2	5
8	4	1	5	2	9	6	7	3
5	9	2	6	3	7	1	4	8

NO. 9-16

3	6	7	1	4	8	9	2	5
5	9	2	6	3	7	1	4	8
8	4	1	5	2	9	6	7	3
9	8	6	2	1	5	4	3	7
7	3	5	9	6	4	8	1	2
2	1	4	8	7	3	5	9	6
1	2	3	4	5	6	7	8	9
4	5	9	7	8	2	3	6	1
6	7	8	3	9	1	2	5	4

NO. 9-17

9	8	7	6	5	4	3	2	1
2	1	3	7	8	9	4	6	5
5	4	6	1	3	2	9	7	8
6	9	4	3	2	5	1	8	7
8	5	1	4	9	7	6	3	2
3	7	2	8	6	1	5	4	9
1	6	5	2	7	3	8	9	4
7	3	9	5	4	8	2	1	6
4	2	8	9	1	6	7	5	3

NO. 9-18

4	1	6	7	9	2	5	3	8
5	2	7	3	8	1	9	6	4
9	3	8	5	6	4	2	7	1
7	4	3	9	2	8	6	1	5
8	5	9	6	1	7	3	4	2
2	6	1	4	5	3	7	8	9
3	7	2	8	4	5	1	9	6
6	8	5	1	3	9	4	2	7
1	9	4	2	7	6	8	5	3

NO. 10-1

2	6	3	4	9	7	8	5	1
4	8	5	6	3	1	9	2	7
7	1	9	8	5	2	6	3	4
5	7	4	3	6	8	2	1	9
6	9	2	7	1	5	4	8	3
8	3	1	2	4	9	5	7	6
9	5	6	1	8	3	7	4	2
3	2	8	9	7	4	1	6	5
1	4	7	5	2	6	3	9	8

NO. 10-2

1	8	3	5	7	4	2	9	6
9	2	5	8	1	6	7	3	4
7	6	4	2	9	3	8	1	5
6	1	2	3	5	7	9	4	8
3	7	8	4	6	9	5	2	1
5	4	9	1	8	2	3	6	7
8	9	7	6	2	1	4	5	3
2	3	1	7	4	5	6	8	9
4	5	6	9	3	8	1	7	2

NO. 10-3

2	9	3	4	6	5	7	1	8
8	4	1	2	3	7	9	5	6
5	7	6	9	8	1	3	2	4
6	3	4	8	9	2	1	7	5
1	2	9	7	5	6	8	4	3
7	5	8	1	4	3	2	6	9
4	6	2	3	7	9	5	8	1
3	8	7	5	1	4	6	9	2
9	1	5	6	2	8	4	3	7

NO. 10-4

3	9	1	8	5	2	6	7	4
6	2	5	9	7	4	3	8	1
8	4	7	3	1	6	9	5	2
5	3	6	2	4	7	1	9	8
4	1	8	5	9	3	7	2	6
2	7	9	1	6	8	4	3	5
9	6	3	4	8	5	2	1	7
7	8	2	6	3	1	5	4	9
1	5	4	7	2	9	8	6	3

NO. 10-5

1	2	8	7	9	6	3	4	5
9	3	7	2	5	4	8	1	6
4	6	5	1	8	3	9	7	2
8	5	3	4	6	9	1	2	7
7	4	6	8	1	2	5	3	9
2	1	9	5	3	7	6	8	4
6	7	1	9	4	8	2	5	3
5	9	2	3	7	1	4	6	8
3	8	4	6	2	5	7	9	1

NO. 10-6

7	2	1	8	4	3	9	6	5
6	9	8	2	7	5	4	1	3
4	5	3	9	6	1	2	7	8
5	7	9	1	8	4	6	3	2
1	4	2	3	5	6	8	9	7
8	3	6	7	2	9	1	5	4
2	6	4	5	9	7	3	8	1
9	1	7	4	3	8	5	2	6
3	8	5	6	1	2	7	4	9

NO. 10-7

9	3	5	7	2	1	4	6	8
6	4	7	3	9	8	2	5	1
2	8	1	4	6	5	3	9	7
8	9	4	5	7	2	6	1	3
5	2	3	1	8	6	7	4	9
7	1	6	9	3	4	5	8	2
3	6	2	8	4	9	1	7	5
4	5	9	2	1	7	8	3	6
1	7	8	6	5	3	9	2	4

NO. 10-8

5	2	8	3	1	4	7	6	9
6	9	3	8	2	7	1	4	5
1	7	4	9	5	6	2	3	8
9	6	7	2	3	5	8	1	4
8	5	2	4	7	1	3	9	6
3	4	1	6	8	9	5	7	2
7	3	6	5	9	8	4	2	1
4	1	5	7	6	2	9	8	3
2	8	9	1	4	3	6	5	7

NO. 10-9

2	8	1	6	4	9	5	3	7
3	5	6	8	2	7	4	1	9
4	7	9	5	3	1	8	2	6
7	2	5	1	6	4	3	9	8
1	4	8	9	7	3	6	5	2
6	9	3	2	8	5	1	7	4
8	3	4	7	5	2	9	6	1
5	1	2	4	9	6	7	8	3
9	6	7	3	1	8	2	4	5

NO. 10-10

8	1	7	6	4	5	3	9	2
2	6	9	8	7	3	1	5	4
5	3	4	1	2	9	7	8	6
4	7	6	2	1	8	9	3	5
9	8	1	3	5	4	2	6	7
3	5	2	9	6	7	8	4	1
6	4	8	7	3	1	5	2	9
7	2	3	5	9	6	4	1	8
1	9	5	4	8	2	6	7	3

NO. 10-11

9	2	7	5	3	6	8	1	4
1	8	5	2	9	4	3	7	6
3	4	6	8	1	7	2	9	5
4	9	8	7	5	3	1	6	2
7	3	2	6	4	1	5	8	9
5	6	1	9	2	8	7	4	3
2	1	3	4	8	9	6	5	7
8	7	9	3	6	5	4	2	1
6	5	4	1	7	2	9	3	8

NO. 10-12

2	9	4	8	3	7	6	5	1
5	6	8	9	2	1	3	4	7
3	1	7	6	5	4	9	2	8
1	2	6	4	8	3	5	7	9
4	3	9	7	1	5	8	6	2
8	7	5	2	9	6	4	1	3
9	5	3	1	6	2	7	8	4
6	4	2	3	7	8	1	9	5
7	8	1	5	4	9	2	3	6

NO. 11-1

4	2	5	6	7	9	3	8	1
8	3	6	2	4	1	7	5	9
7	1	9	3	8	5	2	4	6
1	4	3	5	6	7	8	9	2
5	7	2	9	1	8	6	3	4
6	9	8	4	2	3	5	1	7
2	8	7	1	3	4	9	6	5
3	5	4	7	9	6	1	2	8
9	6	1	8	5	2	4	7	3

NO. 11-2

4	2	8	3	9	1	7	5	6
5	1	3	4	6	7	9	8	2
6	7	9	8	5	2	1	3	4
1	6	4	9	8	3	5	2	7
8	9	7	5	2	4	3	6	1
2	3	5	1	7	6	8	4	9
7	8	6	2	1	5	4	9	3
9	4	1	6	3	8	2	7	5
3	5	2	7	4	9	6	1	8

NO. 11-3

6	7	9	2	5	8	4	3	1
5	1	3	7	6	4	2	8	9
4	2	8	1	9	3	6	5	7
1	6	4	3	8	9	7	2	5
8	9	7	4	2	5	1	6	3
2	3	5	6	7	1	9	4	8
3	5	2	9	4	7	8	1	6
9	4	1	8	3	6	5	7	2
7	8	6	5	1	2	3	9	4

NO. 11-4

3	1	2	5	9	8	4	7	6
9	4	5	1	6	7	2	3	8
7	8	6	3	2	4	9	5	1
2	6	4	7	8	9	3	1	5
5	7	8	2	3	1	6	4	9
1	3	9	6	4	5	8	2	7
8	5	3	9	7	2	1	6	4
6	9	1	4	5	3	7	8	2
4	2	7	8	1	6	5	9	3

NO. 11-5

8	1	4	2	7	3	5	6	9
6	5	2	1	8	9	7	4	3
7	9	3	5	6	4	1	8	2
9	8	5	4	2	7	6	3	1
4	7	1	3	9	6	2	5	8
2	3	6	8	1	5	4	9	7
1	6	7	9	5	8	3	2	4
5	4	8	7	3	2	9	1	6
3	2	9	6	4	1	8	7	5

NO. 11-6

8	3	5	4	7	2	9	6	1
1	4	6	8	5	9	3	2	7
2	9	7	3	1	6	5	8	4
7	5	4	1	3	8	6	9	2
6	8	3	9	2	7	1	4	5
9	2	1	6	4	5	8	7	3
4	7	8	5	9	3	2	1	6
5	1	9	2	6	4	7	3	8
3	6	2	7	8	1	4	5	9

NO. 11-7

6	1	2	5	3	7	4	8	9
9	5	8	6	2	4	1	7	3
7	4	3	1	9	8	2	6	5
3	2	5	9	1	6	8	4	7
8	6	1	4	7	3	9	5	2
4	7	9	8	5	2	6	3	1
5	3	6	2	4	1	7	9	8
2	9	4	7	8	5	3	1	6
1	8	7	3	6	9	5	2	4

NO. 11-8

9	1	7	2	5	8	4	3	6
5	8	4	1	3	6	7	2	9
3	6	2	7	9	4	1	5	8
1	3	8	9	4	2	6	7	5
2	9	6	5	1	7	3	8	4
4	7	5	8	6	3	9	1	2
7	4	1	6	2	5	8	9	3
8	2	3	4	7	9	5	6	1
6	5	9	3	8	1	2	4	7

NO. 11-9

9	4	3	2	1	5	6	8	7
8	6	2	4	9	7	1	3	5
1	7	5	6	8	3	4	9	2
7	9	6	3	2	1	8	5	4
3	1	4	5	7	8	2	6	9
2	5	8	9	4	6	3	7	1
4	8	1	7	6	9	5	2	3
6	3	9	1	5	2	7	4	8
5	2	7	8	3	4	9	1	6

NO. 11-10

7	4	2	3	8	5	6	9	1
1	3	9	7	2	6	4	5	8
5	6	8	4	1	9	2	7	3
8	2	3	1	4	7	9	6	5
9	7	4	6	5	8	1	3	2
6	5	1	9	3	2	7	8	4
3	8	7	2	6	4	5	1	9
2	1	6	5	9	3	8	4	7
4	9	5	8	7	1	3	2	6

NO. 11-11

3	9	2	8	1	7	5	6	4
4	8	6	3	2	5	9	7	1
7	5	1	9	4	6	2	3	8
1	2	8	4	9	3	6	5	7
6	3	9	5	7	1	4	8	2
5	7	4	6	8	2	3	1	9
8	1	3	2	5	9	7	4	6
2	4	5	7	6	8	1	9	3
9	6	7	1	3	4	8	2	5

NO. 11-12

5	3	8	4	2	6	7	9	1
2	6	4	9	7	1	5	8	3
7	1	9	3	5	8	6	2	4
1	8	2	7	9	3	4	5	6
6	9	3	8	4	5	2	1	7
4	7	5	6	1	2	8	3	9
9	5	1	2	6	7	3	4	8
8	2	7	1	3	4	9	6	5
3	4	6	5	8	9	1	7	2